MALLORCA

DIE INSEL DER RUHE

SANTIAGO RUSIÑOL

MALLORCA

DIE INSEL DER RUHE

Titel des Originals:
«L'ILLA DE LA CALMA»

ISBN 84-7535-335-5 - Depósito legal PM 1644-1996

Imprenta Politécnica. Can Troncoso, 3. 07001 Palma (Baleares)

Inhaltsverzeichnis

VORWORT

DIE INSEL DER RUHE (L'Illa de la Calma) ist eines des bekanntesten Bücher innerhalb der ausgedehnten Literatur über Mallorca. Es ist gleichzeitig das volkstümlichste und bedeutendste Werk des grossen katalanischen Humoristen, Schriftstellers und Malers Santiago Rusiñol, der im Jahre 1931 gestorben ist.

In seinem eigenartigen, glatten, einfachen Stil, der teilweise mit einem feinen Anstrich von Humor gefärbt ist, bietet uns Rusiñol eine Anzahl entzückender Kapitel, in denen er einige der hervorragendsten charakteristischen Züge und Merkmale der Insel und ergötzliche Szenen, die das friedliche Provinzleben Mallorcas zu Beginn dieses Jahrhunderts kennzeichnen, beschreibt. Einige dieser Szenen sind heute anachronistisch geworden, aber was ihnen an Gegenwartsnähe abgeht, das gewinnen sie an historischem Interesse. Auf jeden Fall behalten sie stets ihren literarischen Wert als angenehme und unterhaltende Lektüre.

Die von Maultieren gezogenen und im Schneckentempo fahrenden Strassenbahnen sind längst vom Strassenbild Palmas verschwunden und die damalige Kleinstadt hat sich in einen kleinen kosmopolitischen Mittelpunkt verwandelt. Trotzdem findet der Besucher noch eine grosse Anzahl Hinweise auf das ruhige, sorgenfreie Leben, das damals die Mallorcaner kennzeichnete und heute immer noch ihr Wesen ist. Der grosse Einfluss der

Touristen aus allen Teilen der Welt hat der Insel einen gewissen modernen Anstrich verliehen, doch sobald man ein wenig unter die künstliche Oberfläche dringt und auf das echte Mallorca stösst, stellt man überrascht fest, dass dieses Buch — das vor einem halben Jahrhundert entstand — sich schliesslich nicht viel von der Gegenwart entfernt.

DIE INSEL DER RUHE ist daher ein angenehmes und anziehendes Buch und gleichzeitig unentbehrlich, wenn man den wahren Geist der Insel und den Charakter ihrer Einwohner erfassen will. Santiago Rusiñol war ein scharfer Beobachter, ein guter Psychologe und ein grosser Liebhaber Mallorcas. In diesem Buch wollte er der Schönheit und dem Zauber der Insel und der freundlichen Einfachheit ihrer Einwohner seine Huldigung darbringen. So stellt er ihren guten Ruf wieder her, der von der bitteren und überspannten «George Sand» so verleumdet worden war. Dieser Schriftstellerin widmet Rusiñol ebenfalls ein gutes Kapitel. Mit einem leichten Schatten von Ironie zeichnet der Verfasser die wunderbare Nachlässigkeit der Einwohner der Insel der Ruhe, eine Nachlässigkeit, die in der Luft Mallorcas zu schweben scheint und den Reisenden in der gleichen Minute ansteckt, in der er den Fuss auf ihren Boden setzt.

Rusiñol war ausserdem ein feiner, gebildeter Mensch, eine volkstümliche Gestalt, ein Gönner der Künste, «Entdecker» von El Greco und Begründer jenes merkwürdigen und berühmten Museums, dem Cau-Ferrat, das er aus eigenen Mitteln einrichtete und später der Stadt Sitjes an der goldenen katalanischen Küste als Geschenk überreichte.

Santiago Rusiñol, der grosse katalanische Maler und Schriftsteller.

WARTEN AUF DAS SCHIFF...

Lieber Freund und Leser! Wenn du nervenleidend bist oder dir einbildest, es zu sein, was das gleiche ist; wenn dich die Geräusche der Zivilisation aufregen, wenn die Hast dich vor der Zeit dorthin treibt, wo wir nichts zu tun haben; wenn die Geschäfte dir jene Stelle mit Zahlen gefüllt haben, wo der sogenannte Verstand sein sollte; wenn das Kino deine Sehkraft verdorben hat und der Tanzschritt bei dir chronisch geworden ist; wenn dich die Unruhe nicht mehr leben lässt und du ein wenig jene Ruhe geniessen möchtest, die in diesem Leben jener verdient, der niemandem etwas zuleide getan hat, — so folge mir nach einer Insel, die ich dir nennen werde — einer Insel, wo immer Ruhe herrscht, wo die Männer es nie eilig haben, wo die Frauen nie alt werden, wo nicht einmal Worte verschwendet werden, wo die Sonne sich länger aufhält und sogar der Herr Mond, von der Faulheit angesteckt, langsamer seinen Weg zieht.

Diese Insel ist Mallorca, lieber Leser, diese in Blau eingefasste griechische Münze, die nach der Sage aus dem salzigen Meer emporstieg, um eine Weile die Sonne zu geniessen, und sich unter ihren Strahlen so wohl befand, dass sie dort einschlummerte. Diese Insel, *auf allen Seiten von Wasser umgeben,* ist lateinischer als alle die anderen, eine Zuflucht, wo du dein volles Mass an Musse haben kannst, dich im Licht *duschen* und in den

Sonnenuntergängen baden kannst. Und es ist wohl aufgrund dessen, was ich dir erzähle und anderen Dingen, die ich hier vergesse, die wir aber später erwähnen werden, dass ich dir schwöre, oh Leser: In dem Augenblick, in dem du hier an Land gehst, wirst du von solch einer rhythmischen und melodiösen Faulheit ergriffen werden, von solch einer sicheren und entscheidenden Lust, einfach nichts zu tun und in eine solch dauernde Träumerei zu verfallen, dass du sagen wirst: «Dies ist das Land, das ich zur Linderung meines Leidens nötig hatte, wo man, ohne zu schlafen, ruhen und träumen kann.»

Stelle dir vor: Sobald du ankommst, — nachdem du an Felsen vorbeigekommen bist, die einem verzauberten Wall gleich das Meer begrenzen —, wirst du eine Bucht sehen, die in der Welt keine andere Aufgabe hat als den Himmel und die Wolken widerzuspiegeln, ferner einige Fischerboote, die ihre Segel so gefaltet haben wie die Vögel ihre Flügel, — und einen so goldenen Dom, dass es schwierig wird zu entscheiden, ob der Dom sich in der Sonne badet oder die Sonne im Dom. Während das Schiff sich nähert, siehst du einen Hafen und auf den Steinen des Ufers eine Reihe Mallorcaner, welche — weisst du, was sie tun?... auf das Schiff warten.

Überall auf der Welt ist das Warten eine aufregende Angelegenheit, die die Menschen erledigen, indem sie auf und ab gehen, auf die Uhr schauen, die Zeit zählen; aber hier verharren sie still auf ihrem Platz, ruhig, heiter und gelassen.

Überall auf der Welt bekommt man durch das Warten graue Haare, aber hier nicht. Das Warten ist weder Pflicht, noch Zerstreuung, nicht einmal ein Wunsch..., denn man wartet hier wie die satten Vögel, wenn sie zwei bis drei Stündlein mit den Augen blinzelnd auf einem Zweig sitzen, wie der Storch auf einem Bein in der Nähe des Weihers steht, ohne das andere aufzusetzen, wie die Katze in der Nähe des Herdes, wie der Maure an der Schwelle der Türe. Das Warten ist hier die Religion dessen, der keine Eile hat zu leben und den Tod nicht fürchtet, mag er kommen, wann er will; es ist die Vollendung der beschaulichen Seele; es ist eine heilige Gelassenheit. Die Propheten warteten Jahrhunderte hindurch auf das Schiff von Juda; die Apostel warteten auch darauf; die Juden warten noch heute; die Mauren leben von der Warterei... Aber die Mallorcaner sind bescheidener, sie erwarten es nicht in solcher Ferne: Sie gehen an den Hafen von Palma und sobald sie das Schiff erblicken, warten sie weiter mit der gleichen Seligkeit, da für sie das Warten auf das Schiff der Rhythmus der Insel ist.

Ja, lieber Leser, wenn du meinen Rat befolgst und nach Mallorca kommst, wirst du bei deiner Ankunft, noch bevor du den Hafen erreichst, bereits grossen Trost empfinden, der deinem Leiden «Eile zu haben» schon gehörig abhelfen wird. Die Sonne wird schon von dir Besitz ergriffen haben, du wirst die Landungstreppe in aller Ruhe und Heiterkeit herabsteigen, dein Puls wird langsamer klopfen, deine Uhr wird sich verspäten, ein bleiernes Gefühl wird deine Füsse durchströmen, süsse Empfindungen legen sich auf deine Augen, deine Rede wird langsamer — und wenn du dich umdrehst und zufällig in der Ferne ein Horn ertönt, fast kann ich dir versichern, dass du dich unter die Menge mischen und... auch auf das Schiff warten wirst.

SICH SONNEN...

Sobald du die Reihen der gaffenden Schiffserwarter verlassen hast, findest du ebenfalls im Hafen eine Sorte Menschen: Es sind die gleichen, die wir bereits in Cabo Verde, Las Palmas und Tenerife gesehen haben und die nur auf den Inseln gedeihen, — es sind die Leute, die sich sonnen.

Diese Männer sitzen auf den Bänken der Wellenbrecher, auf einem verrosteten Anker, auf einem leeren Fass oder in der Mitte einer Rolle jener Seile, die es in allen Häfen der Welt gibt und von denen man nicht weiss, ob sie schon benutzt worden sind oder wozu sie noch zu dienen haben. Alle sind derart schäfrig, dass sie nicht einmal die Fliegen verscheuchen, die sich bei ihnen wie in einem Absteigequartier und Wirtshaus niederlassen; sie sind so von der Sonne verbrannt, dass sie wie verteert aussehen und sie geben sich so dieser Haltung des Sich-Sonnens hin, als ob es sich um die Erfüllung eines Gelübdes handelte.

Man badet überall dort in der Sonne, wo man sie hat, — teils willig, teils gezwungen — und es gibt sogar Ärzte, die es als Arznei verschreiben; aber bei den Leuten, die sich hier auf Mallorca sonnen — man braucht sie nur eine kleine Weile zu beobachten — ist es ein Laster, denn sie können es nicht lassen. Es ist so, als ob man sich einem Trank hingäbe, der von aussen erwärmt statt von innen. Man verwandelt sich in eine

Eidechse, oder in eine Heuschreckenart, die nicht singt; es ist eine Art Wollust, die der Neuankömmling nicht verstehen kann...: Aber das Sich-Sonnen ist hier so eine gewöhnliche Angelegenheit wie das Trinken von Wermut oder anderen Getränken auf dem Kontinent.

Was hat diese Sonne in sich, — wirst du dich fragen —, dass die hiesigen Einwohner solch ein lasterhaftes Vergnügen daran finden? Ist sie schon so knapp geworden, dass man sie deshalb umsomehr schätzt? Sind ihre Strahlen so destilliert? Kommt sie vielleicht aus «erster Hand»?

Diese letzten Fragen können wir dir nicht beantworten; aber was die Knappheit anbetrifft..., nur keine Sorge! Die Sonne fällt nur so auf die Mauern! Sie züchtet Staub auf allen Wegen! Sie verdörrt die Rolläden, brät Türen und Fenster! Sie überschüttet ihre Liebhaber, füllt ihnen alle Taschen am Strand und auf den Wellenbrechern! Man kann sich darin ertränken! Wer will, kann sie in vollen Zügen geniessen, jede Menge, die man auch mag, denn dem Lieferanten, der sie zu den Inseln schickt, mangelt es weder an Stunden und *Brennstoff*, noch an Geld für die Tageslöhne. Unser Seliger Heiland, Verteiler aller Dinge, hat vielleicht vergessen, gewisse Nahrungsmittel unter den Armen der Balearischen Inseln zu verteilen, aber was das Feuerwerk anbetrifft, wirst du schon sehen, — da bleiben keine Wünsche übrig. Schon am frühen Morgen zündet er den Ofen an und so brennt er bis zum Abend, und selbst dann lässt er den Mond erscheinen, damit es am Ausgleich nicht fehle.

Jener, der sich sonnt, braucht sich also nicht zu beklagen und er tut es auch nicht. Er beklagt sich nie!

Vielleicht denkt er, dass das Meer die Stimmen ertränkt, oder dass die Leute auf der anderen Seite ihn nicht hören — und so wirst du bemerken, dass sowohl die Leute, die sich sonnen, als auch die «Schiffserwarter» nicht sprechen, — und wenn sie es tun, so reden sie leise, als ob das Sprechen eine Tätigkeit wäre, die sie bei der Arbeit stört, — dieser Arbeit «nichts zu tun» —, die so süss ist für den Träumer und so lauwarm für den, der von Lichtfunken und vom Widerschein leben kann.

Warum ist das so? — wirst du dich fragen, während du nach Palma gehst. Ist es eine Inselkrankheit? Ist es gut oder böse? So wie es Pflanzen gibt, die Wasser brauchen, handelt es sich hier um Menschen, die Sonne nötig haben? So wie es gute Schwimmer gibt, haben wir hier Leute, die es verstehen, sich zu sonnen? Ist es vielleicht ein Sport, der seinen Ursprung bei den Phöniziern hat oder bei jenen olympischen Griechen, die wir nennen, wenn wir mit unserer klassischen Kultur angeben wollen? Mein Gott, sind sie vielleicht zu faul, um aufzustehen und sich zum nächsten Schatten zu begeben? Sind es vielleicht Angler, enttäuscht, dass sie nichts gefischt haben und sich nach der Sonne sehnen, die sie genossen hatten, während sie dem Spiel des Korkschwimmers zuschauten?

Wir glauben, dass sie eine Mischung aus allen diesen Dingen darstellen: Olympier, Faulpelze, Götter, Mallorcaner, Muscheln und Steine. So wie das Meer beim Äquator Quallen hervorbringt, die weder Fische noch Algen sind, weder Korallen noch Hummern, so entstehen auf den Inseln einige Menschen, die wir als Moos der Sonne bezeichnen können. Sie leben festgeklebt an den Überresten der Anker, an den grünlichen Blöcken der Häfen und an den gelblichen Felswänden, — sie sind gleichermassen Teile der Insel.

Sie sind Teile davon und als solche bewirken sie, dass jene, die hier wohnen oder die Insel besuchen, ebenfalls in Teile von ihr verwandelt werden.

Wie du bemerkt hast, hättest du als Zerstreuung auf deinem Weg vom Hafen nach Palma die Schiffe betrachten können, aber vermeide es auf alle Fälle um Himmels Willen, dich hinzusetzen — oder du bist rettungslos verloren. Statt dich im Schatten niederzulassen, würdest du es mitten in der Sonne tun, — und wenn du das tust, wirst du in einen Mallorcaner verwandelt, — und obwohl du nichts dabei verlieren würdest, so setze dich nicht, wenn du wieder zurück willst..., denn sonst kannst du es nicht mehr. Die Sonne würde dich mit der Insel verschmelzen und dann wirst du eine Alge der Insel.

ES BORN

Das erste, was man antrifft, wenn man nach Palma hineinkommt, ist *Es Born*[1]. *Es Born* ist das Eigelb der Insel, ihr Meridian, ihr Kern, ihr Herz und ihre Seele.

Es Born ist eine Allee und ein Platz mit Bäumen aller Arten, die es auf den Balearen gibt, — die der Sonne, von der wir eben sprachen, — und die der Trokkenheit der Stadtgasse widerstehen. Wir finden dort Häuser aller Höhen und Architekturstile, vom herrschaftlichen Palast, nüchtern in seiner Ausschmückung, aber schön und ausgeglichen in seinen Linien, — bis zu den modernen Häusern mit ihren komplizierten Verzierungen, die den Stil der mit neuartigen Ideen geplagten Architekten des neunzehnten Jahrhunderts darstellen.

In diesen Häusern, da sie sich im Zentrum befinden, wohnen die «lebendigen Kräfte» der ganzen Stadt oder das, was man so nennt, selbst wenn sie nicht mehr so ganz «lebendig» sind. Hier befinden sich die politischen Vereinshäuser, wo man sich dem Tresillo-Kartenspiel widmet, wo sich die Freundeskreise befinden und man sich gemeinsam langweilen kann, hier wird die Körperschaft das Oberhaupt empfangen, wenn es eines Tages kommt, um etwas Abglanz dazulassen. Hier haben wir auch den Landwirtverein und seine Mitglieder brauchen deshalb nicht auf dem Land zu wohnen, wo es

---

1. Volkstümlicher Name des *Paseo del Generalísimo*.

— wie uns die Statistiken belehren — die meiste Landwirtschaft gibt. Hier sehen wir das Militär-Kasino, wo man als Zivilist gelten kann und wo man das Kasernenleben in Beschaulichkeit verwandelt. Dort liegt das Kasino der Aristokraten, wo man nur einzutreten braucht, um nach den Satzungen ebenfalls als Aristokrat zu gelten. Etwas weiter Vereine, welche die Belange wahrnehmen von allem, was gefördert werden kann, und alle Freunde der Freunde des Landes und die «Feinde» der Hummer, die ihren Sitz in gewaltigen Sälen mit einem grossen Balkon haben, wo man bei den Fastnachtsfesten die Karnevalsumzüge betrachten kann oder die Ankunft des Oberhauptes, — oder um zu sehen, wie niemand ankommt und den Pförtner allein lässt.

Unter den Wohnungen gibt es Verkaufsläden und fürs Publikum Kaffeehäuser und Bierhallen, die zum Wortfechten gebaut worden sind, obwohl man dort um nichts streitet, — Zeitungsstände für die öffentliche Kultur und für das persönliche Vergnügen. Die Friseure befinden sich im ersten Stock, wo man die Haare und den guten Ruf der Nachbarn schneiden kann — und alle Kleinigkeiten, die die Grosstädte für ihr wirtschaftliches Leben notwendig haben.

Es Born ist wie man sieht und wie wir gesagt haben, der Platz, wo alle Adern hinströmen und die Schlagadern hinauslaufen, um der Stadt Leben zu geben, und von der Stadt zu den Vorstädten, und von den Vorstädten nach den Küsten, und von den Küsten nach den Wellen (deshalb ist es eine Insel, um Wellen zu haben); es ist der Gerichtshof, der Markt, der Mittelpunkt der Bewegung, — aber da es sich um eine Inselbewegung handelt, ist sie so zart, — wenn man uns nicht gelehrt hätte, dass unser Planet im leeren Nichts, also im Äther, herumrollt, — fast würden wir sagen, er bewegt sich nicht.

In *Es Born* scheint eher alles für die edle Tätigkeit des Sitzens hergerichtet zu sein als für Lärm und Getöse. Beim Ein- und Ausgang befinden sich vier steinerne Sphinxfiguren. Die Sphinx ist ein Ungetier der rätselhaften Amphibolie, das in allen geschichtlichen Ländern, wo man dieses Fabelwesen gezüchtet hat, sich mit aufgestützten Ellbogen zu zeigen pflegt. Aber die Sphinxe von *Es Born* stützen sich nicht nur: sie sitzen, um nicht gerade zu sagen, sie liegen. Sie haben solch eine faule, schläfrig steife Haltung, wir können sicher sein: falls sie sich erheben würden, könnten sie nicht aufrecht stehen, sondern würden sich gleich wieder hinsetzen, und niemand wäre imstande, sie wieder auf die Beine zu bringen. Ausserdem gibt es dort Steinbänke, die so eingeteilt sind, dass die Massen sitzen können; eiserne Gartenstühle für die höheren Klassen und Schaukelstühle in den Kasinos für alle Arten von Mitgliedern und wenn jemand keinen Sitzplatz findet, glaube ich kaum, dass man ihn hindern würde, sich dort niederzusetzen, wo er gerade kann, da jedermann mit voller Freiheit jene Ruhe geniessen darf, die jedem Bürger von Rechts wegen zusteht, — etwas, das uns andererseits soviel Blut, Märtyrer und Kriege kostet.

Dieses Sitzen in *Es Born* ist uns so angenehm, dass wir für unsere Schuld und Sünden keine andere Strafe haben möchten, als in diesem Meer der Seligkeit, Ruhe und des goldenen Staubes zu «lebenslänglichem Sitzen» verurteilt zu werden. Die Leute gehen langsam spazieren und stören den Passanten nicht; die Musik, die jeden

Donnerstag im Zwei-Zwölftel-Takt aufspielt, tut es leise, um die Schläfrigen nicht zu wecken; die Backfische gehen in Prozession spazieren, mit idealisierten Gesichtern, in die man sich leidenschaftslos verlieben kann; die Kutschen fahren im Schritt, um die Schottersteine nicht aufzurütteln; die jungen Männer auf den Schaukelstühlen fächeln sich leise und betrachten schweigsam jene Mädchen; die Sonne wirft ihre Strahlen auf die Terrassen und zweifelt, ob sie gehen oder bleiben soll, damit sie am nächsten Tag nicht wiederzukommen braucht; etwas weiter sieht man das Meer, ebenfalls schweigsam, um die Schiffe und darin Schlafende nicht zu wecken, und sogar das Wasser eines Brunnens, das unter vier Schildkröten herauskommt, fliesst mit Bedachtsamkeit und Stille im Einklang mit der ganzen Umgebung, und man weiss wie beim Becken des Löwenbrunnens in der Alhambra nicht, ob das Wasser den Leuten zuhört oder die Leute dem Wasser.

Oh gesegnetes *Es Born!* Welches Heilmittel bist du doch für alle, die vom ziellosen Rennen müde geworden sind! Gott behüte deine Ruhe zum Trost der am Lärm der Zivilisation Verzweifelten! Gott gebe uns einen Stuhl in diesem «Tempel des Sitzens»!

DAS «*KAFFEEHAUS ZUM FRIEDEN*»

Wenn du vom Sitzen in *Es Born* müde geworden bist, sei es auf den Bänken für die Öffentlichkeit, sei es auf den Stühlen, wo man zahlen muss, — so überquerst du den Fahrdamm und... setzt dich ins «Kaffeehaus zum Frieden».

Das «Kaffeehaus zum Frieden» ist das Café, wo der Verfasser dieser Zeilen, der vier Jahre auf der «Insel der Ruhe» verbracht hat, ungefähr sechsunddreissig Monate — knapp gemessen — gesessen hat.

Welche Anziehungskraft hat dieses Café, dass man dort solange sitzen kann? Nicht einmal derjenige, der dort zu sitzen pflegt, kann das erklären.

Man kann sagen, dass dieses Lokal aus zwei Säulen besteht, fast ionischen Stils, dick, kurz und voll Stuck. Alles andere, — Tische, Ausschank und Kunden, — ist vollkommen Nebensache. Das Ganze besteht aus den zwei Säulen, die einen unerklärlichen Schatten bilden.

Fast niemand geht dorthin. Die Wenigen, die es tun, reden kaum; die Kellner geben keinen Anlass dazu. Gegenüber sieht man vier Häuser, die wie alle der Umgebung aussehen, weder gross noch klein, weder breit noch schmal. Die Leute, die auf der Strasse vorbeigehen, sind gering an der Zahl und schweigsam; man sieht nichts Besonderes und trotzdem verbringt man dort Stunden, Tage und Wochen, — und die Kunden werden alt, bis sie sterben — an den Tischen.

In diesem «Kaffeehaus zum Frieden» isst man sehr gut und billig und wird gut bedient; man schöpft Verdacht, dass sich unter den ionischen Säulen ein wohlversorgter Keller befindet, denn die Weine sind fein und so alt wie die fast ionischen Säulen; der Wirt ist freundlich und ein guter Mensch. Aber mehr als dies alles, so glauben wir, dass die Anziehungskraft des Hauses darin liegt, dass dort nie etwas Besonderes passiert.

Glaubt ihr vielleicht, dass es eine Kleinigkeit ist, über ein sauberes Kaffeehaus, einsam und mit guter Bedienung, zu verfügen? Ein Café, das niemand betritt, der nicht Stammkunde des Hauses ist? Ein grosses Lokal mit zwei fast ionischen Säulen für einen einzigen Menschen? Glaubt ihr, dass es nicht genug ist, sagen zu können: Diese stets bereite Küche, diese Kaffeekanne mit kochendem Wasser, die Kellner, die sitzend warten, — dies alles ist gemacht, damit du es geniessen kannst, und niemand mehr als du mit deinen vier ganz vertrauten Freunden? Weisst du, was es bedeutet, lieber Leser, in einem Café zu sitzen, wo man nicht Domino spielt; wo du dieses Geräusch der Totenknochen auf den Tischen nicht hörst? Weisst du, was es bedeutet, in einem Café zu sein, wo man nicht dem Tresillo-Kartenspiel huldigt, mit dem ewigen Streit, ob man die «Schlechte» oder die Gute, König oder Bube ziehen soll? Wo die Blinden nicht hinkommen, um «Ven y ven» [1] oder «Marina» [2] zu spielen? Dass man Mittagsruhe halten kann oder den ganzen Nachmittag und den ganzen Abend schlafen, wenn man will, ohne von jemand geweckt zu werden, — und das in so einem

1. Alter Schlager.
2. Spanische Oper.

öffentlichen Ort wie einem Café? Wenn mehr Leute in dieses «Kaffeehaus zum Frieden» gehen würden, so wäre gewiss kein Friede mehr dort. Der Reiz des Hauses ist dieser, dass man sich sagen kann: «um soundsoviel Uhr kommt dieser, dann jener, und wenn sie nicht kommen, so sind sie krank»; und zu sehen, wie die Freunde alt werden, wie die Kellner alt werden, und wie wir selbst in diesem Hause alt werden im Schatten der beiden Säulen.

Hier ist der Friede so friedlich und die Einsamkeit so wohltuend, dass man weder in der Kirche noch zu Hause soviel davon finden kann. Es ist ein Café der Zurückgezogenheit, wo man Betrachtungen und geistige Exerzitien halten kann, ein Ort, wo man über das Jenseits, die Kürze unseres Lebens, die Nichtigkeit unseres Daseins, und dass wir aus Staub zu Staub werden, nachsinnen kann; es ist ein Café wie eine Einsiedelei, das statt Mönchen von Zeit zu Zeit ein Kunde betritt, um Gewissenserforschung zu halten und eine *ensaimada* [1] zu essen; es ist eine Stätte der *Zurückgezogenheit* für die Weltlichen und ein Mittelpunkt der Ruhe.

Der Mensch, der so ein Café und öffentliche Parkanlagen benutzen kann, braucht nicht über das Leben zu klagen: er ist Haus- und Gartenbesitzer, hat es aber dabei nicht nötig, seine Besitztümer zu pflegen und braucht keine Gärtner und Köchinnen zu unterhalten. Für täglich fünfzig Pfennige kann er für sich den Wunsch des Dichters erfüllen: «Jenes ruhevolle Leben»; er kann (aber mit Licht und Stuhl) das haben, was der heilige Franziskus sein eigen nannte: die Stille der Wüste, er

1. Leichtes Gebäck, typisch für Mallorca.

kann nach Belieben stundenlang die wohltuende Schweigsamkeit geniessen, die Maeterlinck den gefühlvollen Seelen empfiehlt. Wenn ihn unser Herrgott auf den Pfad der Dichtung berufen hat, kann er dort solange Verse schmieden wie er mag, ohne dass ein lebendiger Mensch ihn nur einen Augenblick während der Jagd nach dem Reime stört; wenn die Philosophie seine Stärke ist, kann er dort die Stunden nach Lust zubringen, ohne dass die Gedanken aus ihrer Bahn gerüttelt werden; wenn er nichts tun mag, so fühlt er sich dort wie zu Hause; und es gibt sogar einen Schaukelstuhl für die Ausübung der heiligen Beschäftigungslosigkeit. So ein Café findet nicht jeder, der es sucht. Wir sind im Laufe unseres Lebens in vielen Kaffeehäusern gewesen, aber solche wie dies zum Frieden gibt es nur auf den Inseln.

Natürlich gibt es manchmal etwas Lärm. Wenn der grosse Alomar oder der begeisterte Lluis Martí ankommen, so ertönen ihre umstürzenden Ideen unter den beiden Säulen wie eine Bombe in einem Grabgewölbe, und sie bringen den ruhigen Teich in Bewegung, als ob man einen Stein hineingeworfen hätte. Aber dies dauert nicht lange. Die Wasserwellen bleiben nur so lange in Bewegung, bis sie die Wände erreichen, und dann herrscht wieder Stille in diesem Mittelpunkt der Ruhe.

Dort im Hintergrund trinkt ein kahlköpfiger Herr seine Schokolade ganz allein, als ob man ihn gestraft hätte; ein Kellner liest die Zeitung und schläft auf dem Papier ein; ein anderer kann nicht einschlafen, denn er schlummert bereits ohne zu lesen. Hinter dem Schanktisch widmet der Wirt mit gütiger Miene ein ehrfurchtsvolles Gedenken den Kunden, die nicht mehr da sind, die vielleicht in ein besseres Leben, aber gewiss nicht in eine bessere Ruhe, übergegangen sind... und die Zeit schreitet langsam zwischen einer Erfrischung aus Mandelmilch und einer Limonade dahin.

Wenn man herauskommt, geht man nach *Es Born*, um dort zu sitzen, und dann setzt man sich wieder ins Café; und jene ausgedehnten Sitzungen sind so bekömmlich fürs Leben, dass, wenn wir auch jahrelang dorthin zum Sitzen gehen, können wir uns niemals dem Wirt erkenntlich genug dafür zeigen, dass er uns mit soviel Liebe und Mitgefühl unter den fast ionischen Säulen Obdach gewährt.

Das Traurige an der Sache ist, dass er an dem Tage, wo drei oder vier Kunden sterben werden, gezwungen sein wird, das Haus zu schliessen, wenn er es gerade nicht als Ehrentempel für die Freunde erhalten will.

Deshalb gehe bald hin, Leser, wenn du nicht eine Gedenktafel antreffen willst zur Erinnerung an diejenigen, die dort hingingen, um einen beseligenden Frieden zu geniessen.

DIE ENGEN GASSEN

Wenn man müde geworden ist, vom «Kaffeehaus zum Frieden» nach *Es Born,* dem Orte der Eile und Überspanntheit, zu gehen (auf dieser Welt ist alles relativ), und man beschaulichen Sinnes ist, um sich dem Privatleben zu widmen, — wenn man vor der Eitelkeit dieser problematischen Welt flüchten will, — so kann man sich in der Stadt verschanzen und durch die engen Gassen gehen, voll von...? niemand? die hier in der Stadt Palma nicht fehlen.

Es gibt allerorts leidlich enge Gassen (mit Ausnahme von Amerika, wo die Strassen weder breit noch eng sind, weder schwarz noch weiss, weder hell noch dunkel). Sie stammen aus der Zeit der Unterdrückung, während der die Häuser sich einander näherten, um noch unterdrückter zu sein; aus der Zeit des *Obskurantismus,* wo man danach trachtete, sie zu verengen, damit das *Licht* nicht darin eindringe; man könnte sie... ansteckend nennen, wenn man in jener Zeit die Mikroben der Ansteckung gezüchtet hätte...; aber die engen Gassen Palmas haben einen so eigenen Charakter, dass sie weder mit der Ansteckung noch mit dem anderen etwas zu tun haben. Sie sind so wie sie sind, weil sie so sein müssen und weil sie dafür geboren sind.

Sie sind vor allem sauber, und eine Gasse, von der man sagen kann, dass sie sauber ist, bedeutet etwas Ausserordentliches, — überhaupt, wenn man bedenkt, welch üble Verwendungen diese Engen in allen Grossstädten finden, die sie in Gebrauch haben. Sie sind sauber, aber es handelt sich hier nicht um die pöbelhafte Sauberkeit des Stucks und Portland-Zements. Sie sind seit ihrer Geburt und durch Erziehung sauber; seit ihrer Geburt, weil sie aus Stein sind; durch Erziehung, weil die Steine nicht so wie die Erde sind, die Morast bildet, sobald man sie einweicht, — und so sind sie sich ihres Ansehens bewusst. Neben der Sauberkeit besitzen sie Würde. Die Paläste, die sie auf jeder Seite züchten, haben entweder Balkone mit grossen Vordächern oder gotische Fenster mit rohrdünnen Säulen, die zwei steinerne Blumenverzierungen tragen; Scharten aus Mahagoniholz, die den Fenstern als Schirm dienen oder Geländersäulen wie in den Gemälden der Veronesen; Türen mit runden Bögen und einem Wappen oder gewaltig breite Vorhallen, die uns in ihrer Strenge an die Paläste des alten Florenz erinnern, und die sämtlich von Bischöfen bewohnt sein könnten; und dann, neben ihrer Würde, sind sie... schweigsam, und sie müssen es sein, denn wenn sie es nicht wären, so befänden sie sich nicht auf Mallorca.

Sie sind so schweigsam, dass die Schritte der Vorübergehenden derartig widerhallen, — man könnte sagen, es handelt sich nicht um Gassen, sondern um Harmonie-Kästen, die aus akustischen Steinplatten zusammengesetzt sind; und man meint, dass die Schritte mehr dem Tastenanschlag eines grossen Klaviers als dem Gehen gleichkommen. Die Stille ist so tief, dass das Laufen eines Kindes so viel Lärm macht, dass sich die Leute aus den Balkonen herauslehnen würden, wenn diese dazu eingerichtet wären, — aber sie sind nur zum

Schmuck da. Die Stille ist so tief, wenn zufällig ein verirrter Wagen durchfährt (gewöhnlich ist es ein Arzt oder ein Fremder), so zittern beide Häuserreihen und alle Steine werden aufgerüttelt. Sie sind so verlassen, dass die Grashalme Zeit finden, in den Zwischenräumen der Steinplatten, die so breit wie Grabsteine sind, zu spriessen. Die Stille ist so eindrucksvoll, dass es keine Gassen sind: es sind eine Art Glocken, wo jeder Seufzer, jeder Schrei, jedes Schaukeln einer Wiege, jedes Tick-Tack einer Uhr wie das Herzklopfen dröhnt; wie verzauberte, seit vier Jahrhunderten versteinerte Gassen, wo die Nachbarn wie Gespenster sind.

In diesen Gassen gibt es fast keine Verkaufsläden. Die Menschen dieser Paläste essen nicht. Eine Vorhalle nach der anderen, der mit Kieselsteinen gepflasterte Hof mit vier marmorierten Säulen, zwei sehr breite Treppen, wo man niemals jemand herabkommen sieht, und im Hintergrund mit einem Gitterwerk wie ein Sonnenstrahl auf einem Blumenstrauss: Wappenschilder überall an den Mauern; eine am Gitter befestigte Palme, blosse Mauern, riesenhafte Mauern, von denen man meint, dass sie nur dazu dienen, eine Reihe Gedenktafeln aufzunehmen, oder um jemand daran zu erschiessen, oder um sie zum Ballspiel zu benutzen.

Natürlich, da es an Verkaufsläden fehlt, mangelt es auch an Verkäufern und Kunden, und da man weder kauft noch verkauft, gibt es kein Gedränge. Wenn jemand durch diese Gassen geht, — gewöhnlich ein Geistlicher oder eine alte Frau, — so ist etwas nicht in Ordnung in diesem Viertel; eine Stimme, die von innen ertönt, ist ein Weinen oder ein Hilferuf; wenn man mehrere Stimmen hört, ist es das Beten des Rosenkranzes, und wenn ein Schwarm Mauerschwalben mit ihrem verzweifelten Kreischen unter den Scharten vorbeifliegt, so ertönen diese Mauern so gewaltig, als ob die Vögel in die Kathedrale eingedrungen wären und in den Schiffen und um die Säulen herumflögen.

In diesen engen Gassen ruht der alte Adel der mallorcanischen Familien. Er ruht und betet für die Jahrhunderte, die vorüberziehen, er ruht und hört den Glocken zu, er sieht, wie die Mauern verbleichen, er hört das Meeresbrausen, das ihm mit der Stimme der Überlieferung von der vergangenen Zeit der Eroberungen singt; und wenn man in so einem königlichen Bett, wie es die Insel Mallorca ist, ruhen kann, — so schläft man sehr wohl und deshalb fällt es einem schwer, aufzuwachen. Vielleicht hat der alte Adel recht, so zu sein.

Für verfeinerte Ohren sind die modernen Schreie so misstönend, dass es vielleicht besser wäre, sie nicht zu hören. Der Besitz eines geräumigen Hauses in einer engen Gasse ist vielleicht wertvoller als der einer kleinen Wohnung in einer breiten Strasse. Und möglicherweise, wenn wir zwischen dem Surren eines Motors und dem Gekreische der Mauerschwalben zu wählen hätten, würden wir gewiss das Letztere vorziehen.

DIE KATZEN

Aber die wahren Einwohner von Palmas engen Gassen, ihre Herren und Meister, sind die Katzen.

Die Katze schätzt die Einsamkeit; sie ist kein Tier, das Getöse mag. So zurückgezogene Tierchen und Untertanen, deren Wesenszug es ist, wenig zu reden und der Arbeit nachzugehen, fühlen sich ohne Zweifel in diesen engen Gassen wie zu Hause.

Die Katze der Adelsgassen weiss so sehr, wo sie zu Hause ist, dass sie im Vergleich mit Katzen von anderswo, die es vorziehen, zusammengezogen in der Nähe des Kohlenbeckens oder auf der Kommode zwischen zwei Blumenvasen aus Papier zu hocken und keinen Wert auf das Herumgehen legen, mit solch einer Sicherheit und Selbstverständlichkeit durch ihre Gassen geht — man sieht gleich, dass sie weiss, was für ein Pflaster sie zu betreten gewohnt ist.

Für diese Kameraden der Einsamkeit gibt es keine Katzenlöcher! Sie wollen nicht in Verstecken umherschleichen, sie sind sich des Nutzens, den sie für diese entblössten Häuser darstellen, wohl bewusst. Ohne sie würden darin die Ratten keinen Adelsbrief und kein Wappen unangenagt lassen, und so dünken sie sich eitle Haushofmeister und Verwalter, die die Stammhäuser bewachen, damit der Besitzer nicht Haus und Hof verliert, und sie wollen allein durch die Gassen gehen, um ihre Besitztümer zu behüten.

Sie sitzen vor den Pförtnerwohnungen, dick und glänzend wie Domherren, und wenn jemand durch das breite Tor eintritt, betrachten sie ihn von Kopf bis Fuss, als ob sie von ihm den Ausweis verlangen wollten, und halten es nicht einmal für nötig, den Kopf zu drehen. Sie wissen, dass, wenn jemand auf sie treten würde, dann würde sich das ganze Viertel betreten fühlen, und dann kämen die Advokaten dazwischen, und das Katzengeheul wäre selbst beim Obersten Gerichtshof su hören. So bewegen sie nicht einmal die Ohren, geben kein Zeichen der Anerkennung, und bleiben suzammengerollt und unbeweglich wie ein Säulenknauf des Hauses.

Wenn sie des Sitzens müde geworden sind, waschen sie sich die Pfoten mit der Zunge, als ob sie Handschuhe anzögen, und man sieht dann wie sie feierlich, ernst und erhaben, wie zum Besuch aufgemacht, über die Steinplatten gehen. Wenn die Katze des Schuhmachers sie grüsst (eine vormals weisse Katze, die sich allmählich entfärbt hat), lassen sie sich nicht einmal herab, sie anzuschauen, und gehen weiter; wenn sie den Schrei einer Mauerschwalbe hören, heben sie den Kopf, um sie zu betrachten, und die blaue Helligkeit des Himmels, die droben zwischen den Scharten wie ein Streifen Bläue hereinkommen, vergrössert ihnen die Augäpfel; wenn sie müde geworden sind, bleiben sie ein wenig in der Mitte der Gasse stehen, wie zu Hause; wenn ein Sonnenstrahl eindringt, schwellen sie an, sträuben die Haare und kämmen sich; wenn eine andere Katze vorbeigeht, schauen sie erst, wer es ist, und wenn sie nicht ihrer sozialen Klasse angehört, ist sie keinen Gruss wert. Sie gehen geradeaus zur Kathedrale, wo sie eine Freundin erwartet, eine echte Kathedralskatze, eine gotische Katze, die jeden Winkel der Kapellen und Altäre kennt, und sie an der Türe empfängt.

Beide Katzen begrüssen sich kaum und sagen sich nichts, denn sie haben sich schon alles erzählt. Es gibt so wenig Neuigkeiten in diesen ruhigen Vierteln! Es gibt so wenig Dinge zu erzählen in diesen grossen halbtoten Häusern, wo kein anderes Geräusch als das Kratzen eines Holzwurms, das Knarren eines Fensters oder das Reissen eines Balkens zu hören ist! Es ist so kalt, das Katzenleben in diesen Palästen der Ruhe! Sie sagen sich nichts, aber sie verstehen sich und sie schätzen die gleichen Dinge. Sie schätzen die Bodenkammern, die Altäre, die alten Altarbilder und das Chorgestühl, weil sie wissen, dass die Ratten sich darin aufhalten. Die Katzen schätzen die unermesslich grossen Küchen und die gewaltigen Speisesäle, weil sie dort immer übriggebliebene Fleischreste vorfinden, und sie mögen sogar ihre Herrschaften, da diese, wie die Katzen selbst, am Ranzigen gefallen finden und die gleichen Dinge lieben.

Die Kathedralskatze bleibt in der Kathedrale und die Katze des Adligen kehrt zurück nach Hause. Wie beim Hinweg grüsst sie nicht, kratzt sich nicht und verliert nicht die Haltung. Wenn ein Kater einer sittsamen Katze begegnet, schaut er sie an, wenn sie ihn nicht sieht; und er senkt den Blick, wenn sie ihn anschaut; wenn ein Reicher vorbeigeht, schmiegt sich die Katze an ihn, wenn es ein Armer ist, so entfernt sie sich; in jedes Haustor schaut sie hinein und sagt der Stammhauskatze «Guten Abend!», und sobald die hohen Glocken die Leute zum Gebet rufen, tritt sie in den Saal ihres Palastes ein und kauert sich auf einer Bank zusammen, während die Diener des Hauses mit dem Beten des Rosenkranzes beginnen.

Dort bleibt sie bis zum nächsten Morgen. Sie geht nachts nicht aus; sie ist wohlerzogen. Sie trinkt Schokolade, wenn man sie ihr gibt. Sie würde Latein studieren, wenn ihre Herrschaften sie lehren möchten; wenn der Augenblick käme, würde sie einen Kater aus ihrer sozialen Klasse heiraten; aber dies alles würde sie im Sommer tun... Aber da kommt der Januar, der glückliche Januar, der Monat der Liebe und der Katzenschwärmerei, — und dieses ruhige Tierchen, das keine andere Gesellschaft als die Kathedralskatze hatte, das nicht von seiner Strasse gewichen ist, das keinen unerlaubten Ort betreten hat, spürt nun die Stärke der Kälte, die ihm das Fell elektrisiert, steigt auf die Dächer, und sobald der Mond herauskommt, umarmt und liebkost es den ersten besten Kater, den es antrifft; das kommt daher, weil im Mondlicht alle Kater aus gutem Hause zu stammen scheinen.

Aber dann steigt es herab und geht in aller Ruhe ihre Freundin besuchen und erzählt ihr über die Angelegenheit auf dem Dach.

Die Freundin spricht sie los, sagt ihr, dass die Sünden im Mondlicht nicht zählen, wenn der Kater nicht aus dem gleichen Viertel stammt...; und mit dieser Lossprechung schläft sie wieder an der Türe ein; und in der Stille der sonnigen Tage, wenn eine arme Katze ihr von *ihm* zu sprechen anfinge, dann würde sie sagen, dass sie ihn nicht kennt, und würde selig die Augen senken und ihren Schnurrbart lecken.

DIE TERRASSE

Wenn wir die Gassen verlassen, von denen wir eben gesprochen haben, kannst du dich auf einen der schönsten und erhabensten Eindrücke vorbereiten, die in diesem Leben zu geniessen sind.

Stelle dir vor, dass man dich wie in einem Diorama nach einem Halbdunkel auf eine Terrasse führt, das Meer vor dir ausbreitet, es bis zur Unendlichkeit ausdehnt, darin die gesamte Bläue des ganzen Mittelmeeres hineingiesst, alle Lichter anzündet, alle von Gold und Purpur umrandeten Wolken darüber schweben lässt, und einen Schiffsschwarm mit völlig aufgeblähten Segeln auf die Wellen wirft. Dann setzt du dich auf eine von der Zeit und von der Salzluft rostfarben gewordene Mauer. Die von der Abenddämmerung meist geküsste Kathedrale der Welt, die vom Feuer des Himmels glüht und durch die Jahrhunderte braun geworden ist, nimmt dich in ihren Schutz, und nun sagt man dir: «Lass dich nieder und bewundere».

Dort, wo du sitzt, befindet sich eine der Festungsmauern, die noch in Palma existieren, und es wären noch mehr davon erhalten geblieben, wenn manche es nicht so eilig hätten, alte Mauern niederzuwerfen, um neue Häuser im Stile der Zollamtsgebäude-Architektur hinzusetzen; die Mauern hinter dir sind die der Kathedrale; die Schiffe unten sind die Schwalben, die von Spanien kommen und nach dort wieder zurückkehren;

das Meer ist *Es*, das mittelländische; und die beiden Arme, die sich ausbreiten, um das Wasser der Bucht zu empfangen, — eine Umarmung von Inselliebe. Die Bucht wiegt das Wasser in ihrem Schoss. Der eine Arm trägt einen Schwarm Häuser, die auf dem Grünen ausgebreitet liegen, weissen Schmetterlingen gleich, und der andere eine Reihe Windmühlen mit ausgebreiteten Tüchern, um den fliegenden Schiffen Abschied zu winken, — und wenn dies alles, was du siehst, dich nicht in seinen Bann zieht, so bist du nicht geboren, um auf einer Insel zu leben.

Dies alles sagt dir: Lass die Eile, denn das Leben ist zu kurz, um wie ein scheu gewordenes Pferd hindurchzurennen! Denke daran, dass es ein Ziel gibt, das du nie erreichen wirst! Bedenke, dass so geschwind du auch laufen magst, man niemals etwas erfinden wird, das so schnell ist wie der Gedanke! Halte daher mit dem Denken inne, und da du ein so beschauliches Buch wie Mallorca vor dir liegen hast, Vaterland des Ramón Llull, so verbleibe einen Augenblick und ruhe dich aus, denn so schöne Orte zum Ausruhen wie diesen, so heiter, so von der Bläue umgeben, gibt es nicht überall.

Bedenke, damit man an diesem Ort der Einsamkeit ausruhen kann, gibt es ein Gärtchen in der Nähe des Meeres, das gleichzeitig ein weltabgeschlossenes Obdach und eine Terrasse ist; die Bäume lehnen sich landeinwärts, um dem Betrachter Schatten zu bieten, aber sie hindern ihn nicht an der Aussicht; kein Störenfried geht vorbei, alle schweigen und alle sind nachdenklich gestimmt, als ob das grossartige Schauspiel die Stille verlange; das Wasser hält keinen Augenblick inne, die Wolken widerzuspiegeln, die immer und zu jeder Stunde vorbeiziehen. Bedenke, dass du dort den Sonnenuntergang sehen kannst und, dass der Sonnenuntergang in Mallorca sich nicht mit andern vergleichen lässt. Der Aufwand von Nebel und Feuer ist grösser, mehr Licht und mehr Weihrauch werden verbrannt, und es spiegeln sich mehr schöne Dinge darin; bedenke, dass die salzige Meeresluft dich mit den Fernen fächelt, und wenn du dies alles zusammengezählt hast und noch nicht glauben willst, dass ein Land der Ruhe ein ideales Land ist, so strafe dich Gott damit, es stets eilig zu haben.

Niemand hat Eile an diesem Ort. Man könnte sich einen rennenden Menschen hier nicht vorstellen. Zwar hat man zwei oder drei gesehen, die vorbeirannten, aber sie liefen, um sich umzubringen, da sie glaubten, dass dort die Welt aufhören würde, und so stürzten sie sich die Felsen hinunter. Hier reimen die Dichter ihre Gedanken mit dem Meer; die Gedicht-Leser verbleiben mit geschlossenen Büchern in ihren Händen, um dies grössere Buch zu betrachten; die einsamen Seelen berauschen sich an der Helle und öffnen dem Leben ihre Herzen; die verliebten Paare reden von soviel Dingen nicht, die sie sich zu sagen hätten; hier versammeln sich alle, die wissen, wie man zuhört, wie man fühlt und wie man betrachtet; alle Beschaulichen, alle Freunde der Farbenpracht und alle Lauschenden der Stille. Nein; niemand kann es hier eilig haben!

Für diese Terrasse allein konnte König Jaume I. bis zu seinem Tode kämpfen, um die Mauren zu vertreiben.

Aber in Wahrheit sind sie noch nicht ganz vertrieben.

Der beschauliche Sinn angesichts des Meeres, der Wolken und der Dinge, die keinen Herrn haben, ist gewiss eine Erbschaft von ihnen.

DIE KATHEDRALE

Die gewaltigen Mauern, die sich hinter der Terrasse erheben, von der wir eben sprachen, sind die der Kathedrale.

Ihre Tür hat gotische Verzierungen, davor befindet sich ein kleiner Vorhof; ein Bogen mit stilisierten Blättern und eine Reihe Apostel an jeder Seite; eine Masse goldener Steine erhebt sich bis in das Blaue des Himmels, eine gelbe Masse bis an die Wolken.

Eine gewaltige, glatte und gebräunte Masse mit einer Reihe zypressenartiger Verzierungen in der Nähe des Daches, das ist die Kathedrale von Palma.

Es gibt wohl wenige Kathedralen, die den Eindruck erwecken, aus einem Hammerschlag entstanden zu sein, in einem einzigen schöpferischen Augenblick, aus einem einzigen Block, wie diese, — die Kathedrale von Palma.

Der Künstler, der sie schuf, wurde wohl durch die Felsen, die es an diesen Küsten gibt, inspiriert und wollte nun einen mystischen Felsen schaffen als Sinnbild der Festigkeit seiner Religion; einen majestätischen Palast, der gleichzeitig etwas von einem Tempel und von einem Schloss in sich haben sollte, — das Haus des die Insel erobernden Gottes.

Man meint nicht, dass er sie gebaut hat; man glaubt, dass es sich um einen Steinberg handelt, den er mit dem Meissel ausgearbeitet und im Block Verzierungen, Fenster und Stützen eingehauen hat, so wie man eine Statue meisselt. Er hat sie auf jene Höhe gestellt, damit die Sonne sie zu jeder Tageszeit küssen, sie mit Feuer erfüllen, und wie eine Flamme jeden Abend beim Sonnenuntergang anzünden kann. Ferner meint man, dass er mit einer Kathedrale allein nicht genug hatte. Er hat sie in die Nähe des Meeres gebaut, damit sich eine zweite widerspiegeln kann, die obere fest und massiv, die des Wassers wellig und schwingend.

Man meint, dass er gedacht hat: «Aussen siehst du das Gerüst; aber gehe nur hinein, und du wirst die Seele erblicken.»

Die rohen Steine der Fassade werden innen zur Süsse; die äussere Stärke zur inneren Sanftheit; die Verlassenheit zur Gesellschaft, die Strenge zur Vergebung; und alle Macht, die diese von den Wellen umbrauste Burg darstellt, verwandelt sich, wenn man drinnen ist, in eine tröstliche Leichtigkeit und Anmut.

Ich glaube nicht, dass man irgendwo einen Tempel finden kann, der mit so einfachen Mitteln eine solch erhabene Schönheit erreicht; wo in sparsamen Linien mehr Kunst zu finden ist, und wo man mit so geringen Baumitteln zu einer grösseren Harmonie gelangt. Wenn man die Gebäude wie ein Musikinstrument stimmen könnte, würden wir hier den Vergleich mit einer gewaltigen Orgel ziehen, die in Vierteltönen gestimmt ist; wir können sie mit einer Glocke vergleichen, die beim Anschlag melodienreich erklingt; mit einem Schiff, das, ohne irgend eine Falte in den Segeln, dahingleitet. Die Säulen sind so schlank, dass sie oben kein Ende haben: sie verflüchtigen sich. Die Schiffe sind so weit und vollkommen, dass sie keinen Verbindungspunkt aufweisen und man weiss nicht, wo sie sich umarmen. Die Fenster sind so schön, dass sie nicht die Helligkeit empfangen: sie holen sie dort oben im Blauen; und im Hintergrund empfängt der Altar ein Licht wie vom Jenseits, so zart vergöttlicht, dass, wenn das Himmelreich herabkäme, würde es gewiss durch jenen Chorabschluss niedersteigen. Fügen wir nun all diesem noch eine strenge Farbe hinzu mit einer Patina von einem Reliquienschrein; die Farbe eines Grabsteines, einer schwarzen Perle oder die einer alten Waffensrüstung; dann den Widerschein der Algen in den Meereswellen, und die Kadmiumfunken, die von den Fenstern heruntersprühen; die kleinen Lichter der Kerzen und der leichte Nebel des Weihrauchs, der Glanz der Altäre und die Dunkelheit der Kapellen. Damit bilden wir einen Schrein des Heiligtums, wie man sich ihn grossartiger und traumhafter auf dieser Welt nicht vorstellen kann. Dieser Tempel ist eine grosse Blume im Garten der Menschheit. Es gibt wenige Fälle, wo der Mensch den Stoff so vergeistigt hat. Es sind die glücklichen Augenblicke der Welt, in denen die Mystik sich in ein Kunstwerk kristallisiert, in denen der Gedanke sich einschliesst und die Seele zur Form wird. Diese Kathedrale ist eine Insel, die im Herzen einer anderen Insel geboren worden ist.

Das ist so wahr, dass man sich nirgends so sehr in Mallorca fühlt wie hier drinnen. Die Abgeschlossenheit ist so gross, der Frieden so entschieden, wenn wir dem Meeresrauschen zuhören, so glauben wir, dass wir uns auf einer märchenhaften Insel befinden, die wie ein Schiff auf dem Meer dahinsegelt. Man fühlt sich von Bläue umringt. Man fühlt, wie man auf der Erde schwimmt, und man spürt keine Lust, an Land zu gehen. Mallorca ist in unser Herz eingedrungen.

Wenn man heraustritt, hat man das Gefühl, als ob alles eingeschrumpft wäre — die Wälder, die Häuser, die Bucht, der Hafen und die Berge. Sogar die Stadt Palma scheint kleiner geworden zu sein; das kommt daher, weil die Sonne ihre Strahlen auf die Steinmauern der Kathedrale konzentriert, und alles andere erlischt dabei. Es kommt einem vor wie ein Bodennebel in der Ebene und ein angezündeter Leuchtturm auf der höchsten Stelle Mallorcas. Sie scheint von der Sonne in Flammen entfacht zu sein, aus denen ein rötlicher Rauch entströmt, sie scheint aus schwingendem Weihrauch zu bestehen, aus einem Korallenstrauss, der aus dem Meer emporsteigt, oder aus einem Vulkan, einem glühenden Felsen... und man möchte gerne eine jener Heiligenstatuen aus Stein sein, um dort ein Jahrhundert nach dem anderen zu verbleiben.

JENE GASSE

Wenn man noch weiter in das Herz dieser schweigsamen und zerstreuten Stadt Palma eindringt, so stösst man auf eine gotische Kirche, deren Vorderseite mit holzfarbenen Steinen ausgebessert ist, und dann kommt man in eine andere Gasse, ebenso ruhig und gelassen wie die der Paläste, — aber die Ruhe und Gelassenheit sind hier verschieden.

So wie es dort keine Verkaufsläden gibt, so findet man hier nichts anderes. Alles besteht aus Läden. So wie dort die Häuser ungewöhnlich geräumig sind, so sind sie hier so klein, dass man meint, sie stünden schief; und so wie dort das Gras zwischen den Steinen wächst, so gedeiht hier in jedem kleinen Loch, in jeder Ritze, in jeder Fuge, ein Schaufenster voll goldener Nippsachen; aus jeder Grube schaut eine Nase mit einer schwarzen Brille darauf, und in jeder Vertiefung befindet sich ein Nest voll Frauen und Kindern.

Was machen wohl soviele in diesen Kästen zusammengedrängte Menschen, die ihre Nase aus dem Fenster stecken, den Vorbeigängern verstohlen zuschauen und sich mit der Herstellung von kleinen Ketten beschäftigen, Rädchen und Zwickzangen benutzen und Kästchen voller Steine in die Schaufenster stellen? Man könnte meinen, dass sie sich dem Kochen-Spielen oder dem Verkaufen-Spielen widmen; dass sie in das Innere der Uhren schauen, um zu sehen, was sie in Bewegung setzt; dass sie Rahmen aus Haaren herstellen oder Schönschreiben als Filigranarbeit machen; aber ihr Beruf ist sicher ein anderer, denn die Leute, die soviel Kinder haben, dass man sie auf Regalen stapeln muss, um sie im Hause unterzubringen, können sie nicht ernähren, indem sie sich einer Zerstreuung widmen. Hier haben wir es sicherlich mit einem Geheimnis zu tun, in das der Fremde nicht eindringen kann.

Sei es wie es wolle, — was die Lebensweise und die Art anbetrifft wie sie ihren Unterhalt verdienen, so mangeln doch in diesen Silberhöhlen die Nahrungsmittel nicht, denn man sieht sie nicht nur keine Not leiden, sondern der Kasten, in dem sie wohnen, ist gewöhnlich sauber zurechtgemacht. Der Stoff, den sie drinnen für ihre Spiele und Zerstreuung benutzen, ist Gold und Silber, und Gold und Silber sind gewöhnlich überall dort teuer, wo man etwas dafür eintauschen kann. Vom Markt kommen sie zu Hause mit so vollen Körben mit Fleisch an, dass der Korb grösser als die Wohnung ist; die Leute der Verkaufsläden erlauben sich den Luxus sovieler Kinder, alle einander ähnlich und mit regelmässigen Zügen, — dass sie welche zum Verschenken übrig hätten, wenn sie nicht Väter und Mütter wären; sie sagen niemandem etwas, machen keinen Lärm, und da sie ihren Lebensunterhalt haben und ihren heiligen Pflichten nachgehen und aus Mallorca sind, wie die anderen auch, so reden die Leute leise, wenn sie von ihnen sprechen, schauen sie von der Seite an, und wenn sie sie nennen müssen, so wissen sie nicht, wie sie es tun sollen.

Wagen sie es nicht, die Stimme zu erheben, weil sich vielleicht Kranke im Hause befinden? Haben sie unbezahlte Schulden? Ist es so, dass sie Geld haben und dadurch die anderen eifersüchtig machen? Oder ist es wahr, dass einige ihrer Vorfahren, die auch Kettchen anfertigten, unseren Heiland beleidigt haben? Aus Krankheit ist es wohl nicht der Fall, denn sie sind gesund. Schulden haben sie keine, denn sie bezahlen gewöhnlich in bar. Die Eifersucht auf ihren Reichtum ist auch kein Grund, denn viele, die sich fernhalten, könnten ihnen genug Gold geben, um die ganze Strasse damit zu pflastern, und was die Beleidigung unseres Heilandes anbetrifft, das ist noch weniger wahrscheinlich, denn einige von denen, die mit ihnen nichts zu tun haben wollen, haben Ihn nicht nur beleidigt, sondern tun es jetzt noch, und schwer: mit der Tat, in Worten, mit ihrer Gegenwart und mit aller Kraft.

Zum Glück sind diese Menschen Philosophen. Mögen die anderen Leute sich nähern oder entfernen, ihnen ins Gesicht schauen oder von der Seite betrachten, mit ihnen auskommen oder nicht, — sie bleiben bei der Herstellung von Ringelchen, Silberbeuteln und Knöpfchen, denn darin finden sie soviel Zerstreuung wie ein Kind mit seiner Puppe. Mittels einer kleinen Kneifzange und einem Knäuel Silberfaden, den sie auf- und abhaspeln, spinnen und verspinnen, drehen und verdrehen, können sie ein Jahr lang Zerstreuung finden. Sie lassen sich von jeder Sache begeistern. Sie gehen zum Markt, und passen auf, ob eine Gemüsefrau aus Zerstreuung ihre Kohlköpfe billiger verkauft, sie begeben sich von einem Laden zum anderen, um Tauschhandel mit Knöpfchen zu betreiben, sie schauen ihre Kinder an und stellen fest, dass sie ihnen ähnlich sehen; sie fegen die Strasse, sie beschmutzen sie, und dies alles hilft ihnen, sich mit Ergebung und Freude die Zeit zu vertreiben. Sie finden sogar an der Arbeit Vergnügen. Sie sind tatkräftig, beweglich, freundlich und gesprächig, und da sie fast alle miteinander verwandt sind, so möchte der eine Vetter auch, was der andere will, und so haben wir es mit einer wahren Familien-Strasse zu tun.

Manchmal nehmen sie eine Schachtel und gehen mit Frau und Kindern dem Kauf- und Verkaufspielen nach und zwitschern wie die Reiher, die man in die Schule geschickt hat. Sie gehen in die Dörfer, in die Bauernhäuser; sie laufen, beriechen, untersuchen. Hier tauschen sie einen neuen Ring für sechs alte und zwei neue; dort reparieren sie eine Uhr, etwas weiter machen sie eine kaputt und kaufen sie auch, — und auf und ab, hin und her, — fast immer lassen sie sich zum Schluss in die Strassen der Adligen fallen, wo sie die meisten Dinge erstehen.

Die Katze an der Tür, aufgedunsen vor Schlaf, sieht sie nicht einmal vorbeigehen. So geht's in Sprüngen nach oben, und da die Türe offen ist, betreten sie die Säle. Die Diener sind alt und haben kein Interesse an Schmuck und Schmuckwaren. Deshalb überlassen sie es ihnen, sich auszuwählen, was sie wollen; der Haushofmeister sitzt in einem Sessel und fühlt sich darin so wohl, dass er nicht einmal erfährt, was sie eigentlich wollen, und so setzt er das Mittagsschläfchen fort, das er zu der Zeit der Grosseltern begonnen hatte; der Hausherr ist mit seinem Auto unterwegs, um mit hundert Sachen durch seinen ehemaligen Grundbesitz zu jagen; die Leute mit der Schachtel durchsuchen alle Schränke, durchwühlen die Schreibtische, entlocken den Truhen ihre Geheimnisse, wählen hier, wählen dort, und wenn sie etwas Glänzendes gefunden haben, schliessen sie mit dem Verwalter den Handel ab und kaufen es.

Manchmal ist es eine Medaille, die zur Erinnerung an die Taten der Ahnen geprägt wurde; ein anderes Mal ist es ein Rosenkranzkreuz, das dort seit undenklichen Zeiten hing; zuweilen ist es eine Reliquie mit einem Tropfen Blut, das während der Kreuzzüge vergossen worden ist, oder ein Ring der alten Gräfin, oder das Siegel eines Barons. Es gibt nichts, das ihnen nicht zur Unterhaltung und Zerstreuung dienen könnte. Sie würden alles kaufen, und oft tun sie es auch, von den Adelsbriefen angefangen bis zu den Teppichen, Braut-Truhen, Schmuck-Kästchen, die Steine der Säulenknäufe und die Fenster der Fassaden.

Sie nehmen es mit; und die Palasteinwohner schauen mit Gleichgültigkeit zu. Die Katze, der Pförtner, die Diener sehen es. Der Herr des Hauses weiss, dass sie es mitgenommen haben, aber der Käufer mit dem Kasten versteht das, was er will, so höflich zu verlangen, dass er froh ist, wenn sie es mitnehmen. Diese ranzigen Lappalien sind so alt, so rostig, so ausser der Mode, dass er, — zu hochmütig, um zu feilschen, oder zu faul, um nein zu sagen, — sie mit einem Lächeln gehen lässt oder mit einem Achselzucken, das bedeuten soll: «Arme Geschöpfe, geht in eure Gasse und unterhaltet euch!»

Sie gehen in ihre Gasse. Schnell gehen sie hin. Sie versammeln die ganze Familie. Sie zeigen ihr, was sie gekauft haben, reparieren hier, drehen dort, entfernen das Wappen von einem Schmucktstück, fügen einem anderen einige Buchstaben hinzu, stöbern herum, und auseinandernehmend und zusammensetzend verbringen sie die ganze Woche und bewegen alle Zangen.

Diese Bewegung, dieser Lärm, dieses Aufrühren des Wassers im Teich der Ruhe, diese Zerstreuung mit altertümlichen Dingen, ihre Instandsetzung, damit sie wie neu erscheinen, dieses Flattern mit den Flügeln, wenn man sie ihnen auch gestutzt hat; dieses Sparen und Nichts-Ausgeben; dies alles ist die eigentliche Ursache, dass man diese Menschen, die man im Geheimen nennt, von der Seite anschaut.

Auf den Inseln der Ruhe fällt jeder auf, der sich bewegt.

EL MOLINAR

Wenn wir weitergehen und dem Strand folgen, der vom Arm der Bucht gebildet wird, so sehen wir eine Reihe Windmühlen mit ausgebreiteten Flügeln.

Diese Windmühlen sind alt. Sie sind so alt, dass einige davon keine Flügel mehr haben; den anderen hängen die Arme herab; jene sind von der Sonne wurmstichig geworden; von vielen bleibt nur das Knochengerüst übrig wie bei den alten Schiffen; aber die weisse Farbe ist ihnen geblieben, und ihr Anblick mit dem blauen Himmel als Hintergrund, wenn sie auch tot und entblösst sind, ist etwas Wunderbares.

Sie stehen in Reih und Glied in der Nähe des Meeres, fest wie die Überlieferung, und sie verteidigen sich wie sie können gegen die hässlichen Häuser, die sie umgeben und dem Unkraut gleich ihnen an den Wurzeln saugen. Es sind Häuser aus Steinpappe mit jener kalten Symmetrie der Vorstadthäuser, Benzinbehälter und Warenlager, die jene Schwärze destillieren, die für gewisse Industrien charakteristisch ist; Baracken, Weinlauben, wo der Staub keine Trauben wachsen lässt; Fabriken jener Art, die die Stadt zwingen, sie nach ausserhalb zu verlegen, — und alles, was stört, umringt die armen Windmühlen, die weiter nach oben steigen, denn sie fürchten sich, beschmutzt zu werden.

Sie haben recht, den Hang hinaufzusteigen, denn sie können nicht fliehen. Eine alte Mühle ist so etwas Schönes und Ehrwürdiges wie jedes geschichtliche Gebäude. Aber heutzutage wendet sich alles der Nutzbarkeit der Dinge zu. Deshalb glauben wir, dass wenn wir uns mehr der Schönheit zuwenden würden, die wenigen Windmühlen, die uns verbleiben, als Nationaldenkmäler zu erklären seien — als Erinnerung an das, was sie einst waren. Anstatt des Müllers müsste ein Kustos darin wohnen, denn es gibt Kunstverwalter für Dinge, die weniger würdig sind und aller Schönheit ermangeln.

Wenn Cervantes jene Windmühlen nicht unsterblich gemacht hätte, würden viele Länder nicht wissen, dass wir überhaupt existieren. Spanien schuldet ihnen die Zuneigung aller, die lesen können. Wenn wir als Edelmänner, tapfere Menschen und Dichter gelten, so ist es vielmehr jenen Windmühlen zuzuschreiben als den Schlachten, die wir gewonnen und den dutzenden, die wir verloren haben, — und wenn viele unserer Besucher glauben, dass sie hier Motoren, Schornsteine oder Maschinen antreffen werden, so haben sie nicht die geringste Ahnung von dem, was wir sind oder was wir vorstellen.

Die Windmühle entspricht auf dem Land dem Segelschiff auf dem Meer. Sie haben oben die gleichen Segel, der gleiche Wind bewegt sie, die gleichen Segelstangen, sie haben die gleiche Bläue des Himmels als Hintergrund für ihre weisse Farbe..., aber im Gegensatz zu den Segeln der Schiffe meint man bei den Flügeln der Windmühlen, dass sie die Lungen mit Luft füllen, wenn sie den Wind spüren, und sie heben ihre Arme in die Höhe, die Rahen krachen, und es kommt ein Augenblick, da sie sich so schnell drehen, dass man meint, sie seien wie grosse Pflanzen, wie eine grosse weisse Rose, die in den obersten Blättchen in voller Blüte steht.

Ich muss gestehen, dass ich mich nie aufgehalten habe, um dem Drehen einer Turbine zuzuschauen: sie drehen sich unter dem Wasser, im Dunkeln, und werden mit Öl eingeschmiert; so steige ich auch niemals in die Kesselhäuser hinab, wo die armen Menschen, die dort arbeiten, nach Fett stinken, — im Gegensatz zu den Müllern der Windmühlen, die nach frischem Brot duften; ich habe mich auch niemals für die Kohlenkästen der Dampfer interessiert. Aber um zu sehen, wie eine Windmühle sich dreht, bin ich stundenlang durch die Ebenen der La Mancha gewandert und genoss die Sonne und die Glut, die jener einzigartige Wahnsinnige empfunden haben mag.

Aber wer die Windmühlen zu betrachten versteht, wird niemals dabei müde. Zu jeder Stunde, in jeder Minute, wechselt ihr Rhythmus. Jedem Windstoss antwortet ihr Herz mit einem Schlag. Ihre Fasern zittern bei jeder Schwingung der Luft, die sie empfinden. Ihre Flügel haben Nerven. Man könnte sagen, dass sie wie grosse Harfen sind, denen die Brise Noten entlockt, einmal traurig wie eine Klage, das andere Mal breit und majestätisch wie ein rhythmischer Sturm.

Die Mühlen der Insel fliegen nicht mehr. Wie in früheren Zeiten, als sie noch flogen, so haben sie jetzt, da sie tot sind, die Gabe der Erinnerung. Das ist das Gute der Inseln: was sie nicht haben, das bringen sie unserem Anschauungsvermögen nahe.

DIE VORSICHTIGE STRASSENBAHN

Wenn du die *Plaza de Cort*, wo das Rathaus ist, verlässt und eine breite Strasse hinabgehst, die zur *Cuesta de Santo Domingo* führt, so wirst du ein einsames Maultier sehen, das langsam dahinschreitet.

Nichts lenkt es von seinem Weg ab. Es schaut niemanden an. Es geht seiner Arbeit nach. Mit dem Schwanz verscheucht es die Fliegen, die es verfolgen und auf ihm weiden; aber es geht mit gesenktem Kopf in stetem Gang weiter bis es nach *Es Born* kommt, und dort hält es an.

Manchmal wartet es fünf Minuten oder gelegentlich eine Viertelstunde oder eine volle Stunde; aber das Tier ist so ergeben, — wenn das, worauf es wartet, nicht käme, bliebe es dort gewiss zwei Monate aufrecht stehen ohne zu schlafen und ohne zu essen, und — was das schwierigste auf einer Insel ist — ohne einen Stuhl, um darauf sitzen zu können.

Dieses Tier hat eine Aufgabe: die Strassenbahn von *El Terreno* zu erwarten. (Denn hier in Palma gibt es auch eine Strassenbahn.) Sobald diese ankommt, wird es davorgespannt, steigt die *Cuesta de Santo Domingo* hinauf, wird oben abgespannt, geht wieder hinunter (zu Fuss); wartet dort, — und das wiederholt sich andauernd, — mit der Strassenbahn auf dem Hinweg und immer allein auf dem Rückweg; es bewegt sich hin und her wie ein Weberschiffchen, mit den gleichen Mücken auf dem

Rücken, — wie ein Uhrpendel, der die Stunde in Palma angibt.

Diese Uhr geht langsam; niemand hat es eilig, sie aufzuziehen; wenn also das Maultier seine beiden Gefährten, die das öffentliche Verkehrsmittel nach *El Terreno* bringen, verlassen hat, dann hat niemand Eile, es eilig zu haben, und wenn jemand sie hätte, so würde es deswegen doch nicht schneller gehen.

Ein joviales und wohlerzogenes Fahrzeug darf niemals schnell fahren. Die Hauptsache ist, nicht hitzig zu werden und die Sache mit Gelassenheit hinzunehmen. Wenn es heute nicht ankommt, wird es morgen ankommen. Wenn die Brühe kalt wird, dann wird sie kalt gegessen, sie schmeckt dann wie Kuchen. Wenn die Familie unruhig wird, dafür ist sie da! Und wenn man auf der Strecke halten muss..., das ist besser als ein Unfall, denn der Zusammenstoss zweier solcher Strassenbahnen wäre etwas Fürchterliches.

So eine Strassenbahn ist nicht dazu geschaffen, es eilig zu haben. Wer es eilig hat, der gehe zu Fuss: er kommt früher an. An Stelle eines Verkehrsmittels ist es eine Art Kasino oder Familienversammlung, um sich zu unterhalten.

Alle Strassenbahnbenutzer kennen sich.

Viele geben sich die Hand und begrüssen sich.

«Wie geht es Ihnen, *madona?*» [1]

«Danke, sehr gut.»

«Und *s'allot?*» [2]

«Er ist schon Advokat.»

«Und *s'allota?*» [3]

«Sie ist in der Kirche.»

---

1. Meine Dame. 2. Der Junge. 3. Das Mädchen.

Wenn sie sich begrüsst haben, erkundigen sie sich über die Gesundheit der ganzen Verwandschaft. Danach wirft der Kutscher einen Blick auf seine Fahrgäste, um sicher zu sein, dass er niemand vergessen hat, und wenn er sieht, dass keiner fehlt, löst er die Bremse und fährt los.

Den ganzen Hafen entlang (wohl mehr als dreihundert Meter) fährt die Strassenbahn im Trab oder im Schritt. Die Tiere gehen noch leicht und man sieht es an ihrem Gang, dass sie Blut in den Adern haben. Selbst die Fahrgäste sind verwundert. Ein Mädchen hat durch die Geschwindigkeit einen Schwindelanfall bekommen. Ein Herr sagt mit Vorsicht:

«Mit diesen Geschwindigkeiten der modernen Zeit fährt man uns in den Abgrund.»

In der Zwischenzeit sind sie fast am Abgrund angelangt, aber zum Glück haben sie eine Bremse. So wird gebremst, und die Strassenbahn hält an.

Was ist los?

Nichts..., die Tiere halten Ruhepause.

Sie stehen vor einer Steigung, die mehr als vierzig Meter lang ist, und es handelt sich darum, Anlauf zu nehmen, und vor dem Anlauf müssen sie natürlich ausruhen.

Da der Kutscher weiss, dass die Tiere vorsichtig sind, dreht er seine Zigarre, während sie im Schritt weiter gehen, lässt aber dabei die Bremse nicht los, denn wenn die Strassenbahn rückwärts ginge anstatt vorwärts, so würden wir nicht nur eine Gefahr zu überstehen haben, sondern zum Ausgangspunkt zurückkehren. Dann müssten wir wieder von vorne anfangen, und die Zeit ist Geld, sogar auf den Inseln. Die fahrenden Freunde im

Innern benutzen die Ruhe, um sich ihre Sachen zu erzählen. Eine *madona* in Trauerkleidung erzählt, dass das Strassenbahnfahren ihr als Zerstreuung dient, um nicht an *ihn* denken zu müssen; «Gott habe ihn selig». Eine Frau lässt sich den Puls von einem Arzt fühlen, der am gleichen Kränzchen teilnimmt. Ein Bauer erzählt seinen Prozess. Und ohne Unfälle und in Gesundheit erreichen sie den Gipfel der Anhöhe.

Dort fährt man durch ein Viertel, das sich *Santa Catalina* nennt. Darin schauen so viele Kinder aus den Türen, dass es einem seltsam vorkommt, wie alle darin Platz finden. Sie kriechen ein wenig über den Gehsteig und plötzlich befinden sie sich auf dem Geleise.

Wer würde da schnell fahren? Wer würde es über das Herz bringen, diese unschuldigen Geschöpfe Gottes zu überfahren? Der Kutscher entfernt mit der Peitsche alle, die er kann, aber immerhin wäre es möglich, dass eins davon unter die Maultiere kommen könnte, und es wäre deshalb nicht vernünftig, schnell zu fahren. Der Kutscher fährt langsamer, und alle heissen es gut, denn sie sind insgesamt mehr oder weniger Eltern.

Kurz darauf kommen aus allen Türen nach den Kindern die Mütter; aber nicht, um sie zu entfernen, sondern um dem Strassenbahnschaffner Bestellungen zu geben. Die eine gibt ihm ein Bündel, das er in *El Terreno* abgeben soll; die andere einen Korb voll Gemüse, der an Ort und Stelle abgeholt werden soll; ein Dienstmädchen gibt ihm einen Brief für einen Soldaten, der beim Schilderhäuschen in Porto-Pi Wache steht; aus einer Bäckerei bringen sie einen riesigen Kuchen, der grösser ist als die Räder des Wagens; eine Fischhändlerin gibt ihm einen Fisch; eine Plätterin Hemden;

der Gewürzhändler ein Paket mit Kichererbsen. Und er nimmt soviele Sachen mit, dass es auf die Fahrgäste gar nicht mehr ankommt: die Strassenbahn ist in eine Güterbahn verwandelt worden.

Sie fährt die Strasse entlang, ganz langsam, um die Zeit auszudehnen, damit an der Ausweichstelle das Warten auf die andere Strassenbahn nicht so lange scheint. Aber die andere Strassenbahn kommt nicht.

Es vergeht eine Viertelstunde, eine halbe Stunde, und die andere kommt immer noch nicht.

Die Insassen wissen, dass der Weg voll von Hindernissen ist, sie beklagen sich über nichts, und sie tun gut daran. Es wäre eine Zeitverschwendung. Der Kutscher verspürt gerade Lust, ein Gläschen *palo* [1] zu trinken, — da hört man plötzlich ein schrilles und verzweifeltes Pfeifen: die andere Strassenbahn kommt gerade an.

Sie pfeift wie verrückt, aber sie nänert sich im Schritt. Sie ist mit der anderen verwandt. Die beiden Schaffner übergeben sich Bestellungen. Die Leute, die sich auf der Hinfahrt befinden, schauen durch die Tür, um die anderen zu begrüssen und zu fragen, ob sie gesund sind. Am Ende des Viertels angelangt, kommt eine Auffahrt, der eine Abfahrt folgt, einer Berg- und Talbahn ähnlich; sei es, dass die Strassenbahn nicht halten kann oder der Kutscher seine Gewandheit zeigen will oder einen Schlaganfall hat oder wahnsinnig geworden ist, — so lässt er die Bremse los, treibt die Tiere an — «Vorwärts!», knallt mit der Peitsche, lehnt sich nach vorne, geschehe was auch will — und sobald die Strassenbahn die Kurve erreicht... entgleist sie.

---

1. Typisches Getränk Mallorcas.

Die Fahrgäste wissen es und haben sich auf die Entgleisung vorbereitet. Sie haben keine Angst, denn... sie wissen es.

Es wäre sehr zu begrüssen, wenn der Fremdenverkehrsverein ein kurzgefasstes Schild dort anbringen würde, um die Fremden zu warnen, dass sich dort eine Entgleisungs-Stelle befindet, was einer ausseramtlichen Haltestelle gleichkommt.

Wenn dies in Katalonien passieren würde, hätte man dort schon längst eine Kantine hergerichtet, um Omeletten und Käse zu verkaufen.

Sobald die Strassenbahn wieder in ihre Geleise gebracht worden ist (Dank der häufigen Übungen geht das ziemlich rasch), setzt der Kutscher die Tiere wieder in Schritt. Es ist höchste Zeit. Es kann nicht alles im Galopp gehen. Sicherlich geschieht es, um die Landschaft zu bewundern. Man hat sie zwar schon gesehen, aber es ist immer schön, wenn man die Erinnerung an sie auffrischen kann: rechts Mandelbäume und Berge; links das Meer und die Bucht.

Wenn ein Fremder dabei ist, bekommt er es sogar von ihnen erklärt:

«Das Weisse dort ist *Es Molinar;* das Grüne ist das Meer; in der Ferne sieht man *Cap Enderrocat,* und das, was man nicht sieht, ist *Cabrera.*»

In der Nähe von *El Terreno* wird die Zeit nicht so knapp gemessen da man sowieso gleich dort ist, und man hat es daher nicht eilig; erstens, weil es bergaufwärts geht, was der Strassenbahn nicht zusagt, und dann, weil der Schaffner die Bestellungen verteilen muss. Auf einem Weg, der von den Bergen kommt, sieht man in der Ferne einen Mann daherkommen, und es stellt sich heraus, dass er den Korb empfangen soll. Aus einem zweiten Stockwerk mit einem Zwischenstock zeigen ein Paar Arme an, dass die Strassenbahn warten soll, und ein Soldat kommt die Treppe herab: es ist der Offiziersbursche, der auf die Hemden wartet. Vom Strand her kommt ein Seemann: es ist der Gatte der Frau, die den Fisch mitgab. Aus einem Portal kommt eine Familie: die Familie des Kuchens. Die Strassenbahn hält. Die Verteilung geht vor sich und man bringt Lasten und Fleisch. Jezt steigt ein Fahrgast aus und verabschiedet sich, indem er der ganzen Reisegesellschaft die Hand gibt.

«*Bon dia tenga*» [1] sagt sie.

«*Bon dia tenga.*»

«Einen Kuss für Ihre *allotes.*» [2]

«Sie werden sich sehr freuen, *madona.*»

«Wir hoffen, sie öfters in der Strassenbahn zu treffen.»

Nun steigt einer nach dem anderen aus; sie verabschieden sich mit dem «*tenga*», — und wenn alle ausgestiegen sind und nur die Maultiere mit dem Kutscher und dem Schaffner übrigbleiben, können die beiden, da sie nun keine Verantwortung mehr haben, rauchen und die Zeitung lesen.

Und sie lesen sie, bis sie ankommen, — was gewöhnlich am gleichen Tag geschieht.

Wer jahrelang, schiebt, wird... jahrelang... herumgeschoben.

---

1. Wünsche Ihnen einen guten Tag. 2. Mädchen.

EL TERRENO

El Terreno hat für Palma die gleiche Bedeutung wie *Vallcarca,* der *Putxet* oder der *Tibidabo* für Barcelona.

Es ist der Ort, wo die guten Bürger sich im Sommer von ihrer eventuell geleisteten Winterarbeit ausruhen.

Dort wechseln sie lediglich die Hitze.

Es kommt ein Augenblick, wo sie des vielen Schwitzens, des Sich-Sonnens und den Launen des Sommers überdrüssig werden und sich sagen: «Wir wollen aufstehen und etwas weiter schwitzen gehen; wir wollen uns eine Illusion — das heisst eine Villa — droben auf dem Berge bauen, um diesem Ofen zu entfliehen, der uns austrocknet.» Und dieses «auf dem Berge» entspricht für die Einwohner Palmas (die leicht zufrieden zu stellen sind) einem Höhenunterschied von dreissig Metern.

Indessen ist dieser Schwitzkasten, dieses gemeinsame Thermenbad, so ein wonniger, schöner und inselhafter Ort, dass man dort ruhig die Hitze ertragen kann und noch gern dafür bezahlt. Auf dem Gipfel der Anhöhe befindet sich das Schloss *Bellver,* ein feudales Schloss, das aber jetzt kein Lehnswesen mehr betreibt. Es hat seinen Burgfried, Graben und Schiessscharten, als ob es nicht nur den Zweck hätte, diesen Berg zu verschönern und ihm eine Silhouette herrschaftlicher Anmut zu geben. Unter dem Schloss befindet sich ein Pinienwald, dessen Harzduft so gesund, belebend und so reichlich ist, dass die ausfahrenden Schiffe noch eine gute Ladung davon mitbekommen. Hier gibt es die sogenannten *Logen-Villen* derer, die für die frische Luft am meisten bezahlen können, dann die *Parkett-Villen* für die «Handwerker der Gesundheit», und ganz unten an der Landstrasse die Villen, wo die weniger Bemittelten atmen. Aber im ganzen ist es ein Amphitheater mit dem gleichen Meer, dem gleichen Himmel und dem gleichen Reichtum an Bläue für alle. Man meint deshalb, dass sie den Gesichtern eine blaue Färbung verleiht, so wie die Sonne sie zu bräunen vermag.

Diese bürgerlichen Illusionen, diese Amphitheater-Villen, scheinen — aus der Ferne gesehen — leicht, weiss und farbig; das Grüne steht ihnen gut, und sie öffnen die Lungen dem Meere zu, dass man nie vermuten würde, wie sehr man drinnen schwitzen kann.

Aber das Schwitzen bedeutet gar nichts, wenn man Geschmack daran findet und nicht im Schweisse seines Angesichts sein Brot verdienen muss wie es in der Bibel heisst, sondern es in der Ausübung des heiligen Nichtstuns geschieht! Es ist angenehm, ein eigenes Haus zu haben und sogar Besitzer der Sonne, die auf das Dach fällt, zu sein. Man verfügt über eine natürliche Badewanne, ist Eigentümer einer Villa, von der aus man die schönste Bucht betrachten kann, die überhaupt zu erträumen ist, — trotz der Tatsache, dass man sich dabei verbrüht. Man verfügt über einen abgeschlossenen Schrebergarten, in dem man sich frei bewegen kann. Die verschiedensten Geschmacksrichtungen äussern sich hier in grösster Mannigfaltigkeit. Wer Neigung zur Landwirtschaft verspürt, legt grosse Sorgfalt auf die Anpflanzung von Storchenschnäbeln, Rosenhecken, Kohlköpfen, Jasmin, Bohnen, Nelken, Salat, usw., — einer Mischung von Blumen-, Obst- und Gemüsesorten, dass man sich darüber wundert, wie auf einer so kleinen Fläche die verschiedenen Pflanzen so gut miteinander auskommen. Wer Kleingetier mag, setzt Kaninchen, Hühner und Pfauen in den gleichen Käfig, — eine Arche Noahs, bescheiden und ohne Ansprüche. Der Liebhaber von Kunstgegenständen stellt farbige Glaskugeln in den Garten, worin sich die eigene Villa und die der Nachbarn widerspiegelt; oder die Figur eines Indianers aus gebranntem Ton, von dem Kolumbus seinerzeit das Modell mitbrachte; oder eine Aluminiumstatue der Göttin Minerva; und wer für die Malerei etwas übrig hat, trägt Bilder von Schiffen zusammen, von denen man meinen könnte — wenn das natürliche Meer nicht zum Verleich vorhanden wäre — dass sie sich wahrhaftig bewegen. Es gibt dort einen Katalonier, der Teller in die Fassade eingefasst hat, in der Art eines stilisierten Porzellanladens. Ein anderer hat eine ganze Statue mit grossen und kleinen Muschelschalen bedeckt, die aussieht als hätte sie Windpocken; und ein dritter hält anstatt Vögel Fische in einem geliehenen Aquarium, die es gewohnt sind, sich als Gefangene zu fühlen, — wenn sie ins Meer fielen, würden sie sich verlieren oder seekrank werden. Es gibt keine Illusion, die dort nicht ihre Verwirklichung findet, und keinen Traum, den man dort nicht wahr gemacht hätte. Selbst die vulkanische Einbildungskraft eines Kataloniers könnte nichts mehr hinzufügen. Es sind eigentlich keine Villen, sondern Zellen im Kloster des Bürgertums.

Im Zusammenhang gesehen, besitzt dies alles eine gewisse Helligkeit in weisser Schattierung, eine Feinheit der Töne und eine Süsse der Farben, dass es unglaublich scheint, dass die Häuser — die einzeln gesehen so verschieden sind — so ein harmonisches Ganzes bilden können. Es ist wie ein Mosaik, wo die einzelnen Teile lediglich Steine sind, aber zusammen bilden sie ein Muster wie die Wollfäden eines Teppichs oder die Tasten eines Harmoniums. *El Terreno* ist ein weisser Schwan, dessen Federn jeweils die einzelnen Häuser sind.

Welch ein herrlicher Ort zum Nichtstun! Zerstreuungen, deren man nie müde wird, kann man hier soviel haben, wie man will! Wenn du angeln willst, so ist alles vorhanden... nur kein Fisch, der anbeisst! Wenn du den Sonnenaufgang betrachten willst, brauchst du dich nur auf die Terrasse zu setzen, dann siehst du, wie die Sonne sich mit feurigem Haar aus dem Wasser erhebt; und willst du den Sternen deine Aufmerksamkeit zuwenden, so hast du den Himmel von einem bis zum anderen Ende zur Verfügung. Manchmal beobachtet man die langsame Einfahrt eines Schiffes, dessen fliegende Wimpel den Himmel mit Damasttüchern zu verhängen scheinen, und das so majestätisch in der Bucht anhält, als ob Lohengrin sich darauf befände. Dann fährt ein Schwarm Fischerboote aus, und die wirken, als ob sie auf dem Meere Schlittschuh laufen würden, — und dorthin, wo sich eins begibt, folgen auch die anderen, — wie eine Menge fliegender Fische. Nun ertönt eine Sirene. Sie klagt über die bevorstehende Abfahrt. Der Leuchtturm wird angezündet und streut eine goldige Linie auf die Wellen; und schliesslich kommt die Nacht, der Hafen Palmas wird erleuchtet, und eine Menge Lichter blinzeln in Reihen an allen Ufern wie eine vorbeiziehende Prozession.

In dieser Stunde spürt man keine Hitze, sondern eine grosse Lust, ohne Arbeit leben zu können, in wachem Zustand zu schlafen — und so eine Benommenheit, dass man denkt: «Ich möchte eine Muschel sein!» Man würde von Zeit zu Zeit das Haus öffnen, um Nahrungsmittel hereinzulassen, und die Schale müsste eine Villa sein, eine von jenen etwas einfältigen aber so herrlich angelegten Villen in diesem traumhaften *Terreno*.

VON *EL TERRENO* NACH PALMA

Wenn der Reisende ein tatkräftiger Mensch oder ein Mensch der Tat ist, was man heutzutage von denen zu sagen pflegt, die eifrig ihrer Arbeit nachgehen, das heisst, dass du innerhalb kurzer Zeit wieder in Palma sein willst, so gibt es ein anderes, sichereres Mittel: Sich einzuschiffen, — dann ist man gleich dort.

Auf der anderen Seite des Hafens sieht man die Kathedrale und die Schiffe. Es ist ein kurzer und sicherer Weg, da man keine Umwege zu machen braucht, denn auf dem Meer genügt es, geradeaus zu fahren.

Man begibt sich an das Ufer, ruft einen Schiffer, und schon befindet man sich auf dem Wege nach Palma.

Man ruft den Schiffer; aber der schläft.

Er fühlt sich so wohl im Boot, da er von den Wellen gewiegt wird...; die Brise ist so rein und zart in der Nähe des Meeres...; die Sonne ist so mild, — man findet es selbsverständlich, dass der Schiffer schläft. Wer würde als Schiffer nicht schlafen?

Er schläft, aber wenn man eine Weile gerufen hat, wird er wach, erhebt sich aus der Tiefe, streckt die Arme, löst drei oder vier Knoten, die alle Boote zum Festmachen, Lostauen oder Manövrieren benutzen; dann fragt er dich, wo du hin willst, und schifft dich ein, um dich nach Palma zu bringen.

Da man länger als eine Viertelstunde rudern muss, begutachtet er bevor es losgeht den Wind, ob er günstig wäre, das Segel zu setzen, da durch unvorsichtiges Segeln bereits viele Menschen ums Leben gekommen sind. Er stellt fest, ob der Wind aus dem Südwesten oder Nordwesten kommt, vom Westen her bläst, oder sich nach dem Osten dreht; es dauert eine Weile bis er das Heck des Bootes gegen den Wind gebracht hat, aber wenn es ihm gelingt, so ist die Sache sicher.

Sobald das Boot sich in Bewegung setzt, bemerkst du, dass es anstatt nach Palma, quer in die Richtung des anderen Ufers geht. Du bist überrascht, aber es ist ganz natürlich. Man nennt es «gegen den Wind segeln», und das bedeutet, dass man dorthin segelt, wohin man nicht will, mit einer Winkel- und Tangentenberechnung, die dich entfernt..., um dich näher zu bringen. Wenn man von den Dingen der See keine Ahnung hat, fällt es einem schwer, dies zu verstehen.

Nach dem ersten Anlauf geht es direkt auf einen Leuchtturm zu, der vielleicht weiter von Palma entfernt ist als von dort, wo du hergekommen bist. Nun folgt ein neuer Anlauf um wieder beim *Terreno* anzukommen, aber jetzt fast zwanzig Meter weiter. Das Segel wird gedreht, und dann geht es nach rechts, von rechts nach links, und umgekehrt. Das Boot wendet sich nach hier, nach dort, es legt grosse Strecken zurück, fährt aber so langsam auf sein Ziel zu, dass es den Anschein hat, als ob sich die Kathedrale entferne oder man auf der Stelle bliebe. Wenn Kolumbus es so gemacht hätte, würden sich seine Nachkommen heute noch auf der Fahrt nach Amerika befinden.

Auf jeden Fall, wenn es auch nicht den Anschein hat, so geht es doch vorwärts. Darüber besteht kein Zweifel. Es könnte eine optische Täuschung sein, ist es aber nicht.

Nein, gewiss nicht, denn die Sonne hat sich hinter den Bergen versteckt, die Brise hat aufgehört, und das Segel hängt vom Mast wie ein Bettuch, das man zum Trocknen aufgehängt hat.

Der Schiffer, ein nachdenklicher Mensch, überlegt einen Augenblick, was er machen soll. Er will nicht wagen zu manövrieren, ohne vorher die vier Haupthimmelsrichtungen und die Elemente zu befragen. Da er sieht, dass er den Wind nicht mehr benutzen kann, sucht er vielleicht eine Strömung, die das Boot einen Zoll mehr oder weniger dorthin bringt, wo du aussteigen musst, aber da die Dunkelheit hereinbricht, und die Strömung keine Lust hat, sich zu bewegen, trifft er die Entscheidung, die man eine halbe Stunde vor einem Schiffuntergang zu treffen pflegt: Er ergreift die Riemen und fängt zu rudern an.

Nach einem Augenblick wird er müde und ruht sich aus; und um die Zeit zu vertreiben, fängt er an, von seinen Reisen zu erzählen, und die Reisen sind so interessant, dass das Rudern gar keine Bedeutung mehr hat.

Dieser Schiffer, der die Strecke vom Wellenbrecher zum Leuchtturm und vom Leuchtturm zum Hafen macht, hat alle Meere befahren, ist an allen Küsten gewesen, und da er viel gereist ist, hat er viele Dinge zu erzählen. Fragt ihn nur um Auskunft: Zwanzig Reisen hat er hin und her gemacht!

Er ist den Paraná hinaufgefahren, einen Fluss so breit wie eine Bucht, dessen Wasser aus Wäldern entströmt, wo nur die Schlangen sich eine Wohnung mieten, voll Schlamm und Krokodilen, mit der Pampa als Ufer. Er ist bis zu den grossen Wasserfällen gekommen, in einer Feluke ohne Kiel, er ist den Fluss hinauf- und hinabgefahren, einen Tag nach dem anderen, monatelang, mit der Einsamkeit als Geleit und den Kaimanen als Gefährten. Er beschreibt dir jene Trostlosigkeit mit einer solchen Hingebung, dass die Riemen ihm aus den Händen fallen, und das Boot ist nur noch eine Boje, die darauf wartet, dass der Paraná sie von alleine nach Palma bringt.

Der Matrose ist auch in alle Häfen des alten Orients eingelaufen, in allen Häfen Ägyptens und Griechenlands gewesen und hat selbst Indien erreicht. Er spricht von Konstantinopel, seinen Moscheen und Minaretten, als ob er vom Heiligen Franziskus oder vom Turm der Kathedrale spräche; er beschreibt die Küsten von Smirna, als ob es sich um *El Molinar* handelte; Kairo und Jerusalem sind ihm bekannt wie das Viertel von *Santa Catarina*, — und wenn er in Indien ankommt, beschreibt er dir nach seiner Art die grossen Paläste von Benares, die heiligen Gewässer des Ganges und die Urwälder jener Länder voller Dunkelheit und Geheimnissen so genau, dass du ihm sagst, er braucht keine Eile zu haben (er hat auch keine), es kommt nicht darauf an; wenn du an diesem Abend Palma nicht erreichst, so wirst du morgen schon dort landen; denn es ist besser, auf dem Schiff der Gedanken zu fahren, mit sich selber als Steuermann, als Beute oder Spielzeug der Wellen zu werden.

Er hat überhaupt keine Eile, er redet sich in solch eine Begeisterung, und du bist so in den Bann seiner Erzählung geraten, dass es auf der halben Strecke völlig Nacht geworden ist.

Die Schiffe haben bereits ihre Lichter angezündet, die sich wie Streifen auf dem Wasser widerspiegeln; die Leuchttürme vom Hafen und von Porto Pi drehen ihren

Lichtschein, und man kann darin die ganze Bucht betrachten. Das Wasser ist schwarz, aber so schwarz, dass man daran zweifelt, ob es überhaupt vorhanden ist, und der Himmel ist so mit Sternen bedeckt, dass man gar nicht alle zählen kann.

Man findet sich nach den Sternen, oder wonach man eben kann, zurecht, und schliesslich kommt man in Palma an. Nach drei Stunden Bootsfahrt hat man eine Meile zurückgelegt! Immerhin, du kannst sagen, dass du den Rekord gebrochen hast, langsam auf dem Meer zu fahren. Aber warum will man vorher ankommen, wenn man sich auf dem Wege wohlfühlt? Was hat man davon, schnell zu sein, wenn bei der Ankunft die Arbeit getan ist? Man kommt ohne Schütteln und Gedränge gesund in Palma an, und sobald man die Füsse aufs Land setzt, so erblickt man die Strassenbahn, die an einer der üblichen Stellen entgleist ist.

Das kommt daher, weil die Strassenbahn fürs Reisen nicht so sicher ist wie ein Boot.

DIE LANGEN MAUERN

In den einsamen Strassen Palmas trifft man zuweilen auf hohe und trostlose Mauern, die Gärten und Höfe einschliessen.

Ich weiss nicht, welche Geheimnisse diese Mauern bergen, die sich an den Strassen entlang ziehen. Vielleicht sind sie dort, damit die Augen sich daran ausruhen, — oder weil Türen und Fenster gesprächige Häuser bedeuten, und wenn sie fehlen, sind die Häuser stumm. Diese Mauern sind mir so sympathisch, dass ich keine anschauen kann, ohne stehen zu bleiben. Ihr Reiz liegt nicht in dem, was sie sind, sondern in dem, was man dahinter vermutet. Gewöhnlich sind diese Mauern grau, ockern und entschält. Die Zeit hat ihnen das Fell abgezogen, sie zeigen ihre fleischlosen Knochen, und der ganzen Länge nach haben sie offene Wunden..., aber der Vorübergehende wird nicht von dem, was er draussen sieht, angezogen, — sondern von dem Verborgenen. Die Alhambra zieht uns nicht durch ihre Mauern und Türme an, sondern durch ihre Kammern und Höfe.

Manchmal sieht man oben ein Sträusschen blauer Glocken hängen, und diese vier einfachen Blumen lassen uns von einem blühenden Garten voller Pflanzen und Blumen träumen, mit Statuen, Springbrunnen und Lauben aus Myrten. Ein anderes Mal ragt eine Zypresse empor, und man möchte erraten, dass sich am Fusse der Zypresse ein Kreuz befindet. Dann ist es ein ausgetrockneter Baum mit Zweigen, die man Baum-Knochen nennen möchte, und man denkt unwillkürlich an eine Tragödie von Elend und Dunkelheit; und wenn nichts hervorschaut und man nur die blosse Wand sieht, ist man am meisten beeindruckt.

Eine einsame und entblösste Mauer macht dich so verstört wie die Unendlichkeit selber. Dein Einbildungsvermögen will die Mauer überspringen, aber die Stille gebietet dir Einhalt. Man fragt sich: Ist diese Mauer die eines Klosters? Dieser Gesang, den man drinnen hört, ist er traurig oder hoffnungsfroh? Kommt dieses Gebetsgemurmel aus dem Herzen oder nur von den Lippen? Wenn es kein Kloster ist, handelt es sich um einen Palast, dessen Steine langsam auseinanderfallen und der von Zeit und Unglück wurmstichig geworden ist? Dieses Brausen, das man hört, ist es die Sense des Verderbens? Jedes Geräusch, das uns von drinnen erreicht, scheint uns hinter den Mauern ein Seufzer zu sein, und jedes Lied (selbst wenn es fröhlich ist) erinnert uns an den Gesang der Sträflinge. Das was man nicht sieht, dünkt einem geheimnisvoll.

Wenn Mauern reden, kann man noch erraten, was sich dahinter befindet, aber wenn sie schweigsam und stumm sind und man tagein, tagaus, daran vorbeigeht, ohne ein Atmen, Kinderstimmen oder Vogelsang zu hören, — wenn kein Gras und keine Blumen daran wachsen, und nicht einmal das Efeu sich daran klammern will, — so spürt man, wie einem ein kalter Schauer über das Herz geht. Man schreitet schneller daran vorbei. Diese Mauern gewähren keinen Schatten. Drinnen sind vielleicht alle tot, und wenn die Mitternachtsglocke schlägt, kann man Ketten rasseln hören.

Es gibt Mauern, die in der Mitte eine vermauerte Tür haben. In früheren Zeiten ging man dort hinein, aber dann wurde sie für immer verschlossen, und zwar von innen. Die Insassen haben sich freiwillig dort eingemauert, so dass man vielleicht ihre Knochen auf der Erde in der Nähe von Wappenschildern und Waffen finden kann. Ein anderes Mal ist es ein Fenster, und man sieht noch die halb wurmstichigen Säulenknäufe im Mörtel und ein Kreuz, das von der Einmauerung einer ganzen Familie erzählt... Ihre Familiengeschichte dient ihr als Leichentuch... Oder wir sehen einen Baum, der von drinnen fliehen will und mit ausgebreiteten Zweigen der ganzen Strasse Helligkeit verleiht. Mögen die Mauern uns an frohe Dinge erinnern oder Verdacht auf Tragödien schöpfen lassen, immer erwecken sie in uns eine Illusion. Wenn wir das Innere sehen könnten, würden wir es vielleicht so gewöhnlich finden, dass es nicht Wert wäre, hinzuschauen; aber der Reiz besteht darin, sich einzubilden, dass hinter dem, was man nicht sieht, sich das Eingebildete versteckt hält. Die Illusion ist immer eine Hoffnung.

Heutzutage, wo man den Boden nach dem Quadratzoll verkauft und wir alles, was wir denken und sagen wollen, vom Balkon aus besprechen müssen, gibt es an den Häusern keine Mauern mehr. Jetzt muss alles symmetrisch, gerade, zusammengeschrumpft und nummeriert sein, und alles muss auf die Strasse auslaufen. Nur die Fabriken und Gefängnisse haben noch hohe Mauern, nicht um von draussen das Hereinschauen zu verhindern, sondern damit die Insassen nicht entfliehen. Niemand schliesst sich heute ein; man wird eingeschlossen. Die Beschaulichkeit ist so tot, dass man sie nur noch auf den Inseln findet, die das Glück haben, durch das Meer von sovielen Dingen getrennt zu sein, die die arme Erde hässlich machen.

Vielleicht spricht der Fremde von den Mauern nicht, die noch in Palma verbleiben, aber er spürt ihre Gegenwart, ihre Schweigsamkeit, — und drinnen den Frieden der Poesie.

DIE MONDLIEBHABER

Wir haben von den Leuten gesprochen, die sich sonnen, — und nun ist der Augenblick gekommen, sich denen zu widmen, die im Mondlicht baden.

In Palma gibt es einen Wellenbrecher, wo man sitzen und sich vom Mond bescheinen lassen kann.

Diese wunderschöne Uferallee dringt weit ins Meer hinein bis zum Leuchtturm. Hier befindet sich eine Promenade mit Bänken — natürlich, um darauf zu sitzen — aus fest zementiertem Boden und mit runden Laternen. Sie bildet einen Steinstreifen, mit Meer auf beiden Seiten, wie ein grosses Schiff, das auf der Erde verankert ist.

Tagsüber sieht man dort niemand. So sehr man darauf versessen sein mag, sich zu sonnen, so ist die Kraft der Sonne dort so gewaltig, dass niemand es aushalten könnte. Aber dann kommt die Nacht, und die Frische ist dort so angenehm, man sitzt dort so gut, der Friede ist so wonnig, und das Meer wiegt sich mit solcher Zartheit, dass trotz der Arbeit, die nicht zu tun ist, alle Leute zum Wellenbrecher kommen.

Der Anblick ist wunderbar. Erstens hat man Ruhe, und die Ruhe ist das freundlichste und meist geschätzte Pfand auf dieser Insel. Dann haben wir rechts und links das Meer, das rhythmisch plätschert und wie eine Wiege schaukelt und es fertigbringt, den aufgewecktesten Menschen in Träumerei verfallen zu lassen oder ihn im wachen Zustand einzuschläfern. Auf dem Meer sieht man grüne Lichter, die sich wie Smaragde widerspiegeln, auf den Masten sieht man sie auch und andere am Ufer — wie ein königliches Geschenk; und am Himmel blüht die Milchstrasse und alle Sternenbilder mit so einer Schönheit, dass einer, der sich in diesem Hafen nicht wohlfühlt, sich überhaupt vom Leben zurückziehen kann.

Dieses Schauspiel geniesst man schon in dunklen oder gewöhnlichen Nächten. Aber in ganz bestimmten oder Mondnächten kommt *Er*, in einen violetten Mantel gehüllt, wie eine gelbe Odaliske, und geht mit seiner kränklichen Farbe am Firmament spazieren, um sich dann hinter den Pinien zum Schlafen niederzulegen. Der Aufenthalt ist dort so herrlich, dass die Mutter Natur, — da sie kein Eintrittsgeld verlangt, um soviel Schönheit und Wohlsein betrachten zu lassen, — damit beweist, dass sie gelegentlich auch ihren Geschöpfen gegenüber grosszügig sein kann.

Ihre Geschöpfe schweigen. Man hört in diesem Ort der Poesie keine einzige Stimme. Jedermann betrachtet und nimmt den Teil des Anblicks auf, der ihm zusteht. Alle Leute atmen die Salzluft ein und füllen ihre Augen mit grüner Helligkeit. Danach gehen die Mondliebhaber langsam und nacheinander nach Hause und nehmen in der Tiefe ihrer Seele ein Stück Himmel mit.

Alle gehen nach Hause, nur die Liebespärchen nicht. Das Halbdunkel erschreckt sie nicht, wenn es von *Ihm* kommt. Die Verliebten aller Zeiten haben diesen bleichgesichtigen Stern immer hochgeschätzt, sei es wegen seines gedämpften Blicks, oder weil er nachts ausgeht, oder weil er die Geheimnisse zu hüten weiss. Die Gedichte, die man ihm vorgetragen hat, sind so gross an der Zahl und so heissblütig, dass ihn unser Herrgott deswegen ohne Ohren gelassen hat. Die Liebeserklärungen, die er gehört hat, bilden so eine lange Litanei, dass es nicht genug Worte und Buchstaben gibt, um sie niederzuschreiben, selbst wenn jeder Stern ein Wort davon darstellen würde; und die Küsse, deren Anblick er zu ertragen gehabt hat, wären ausreichend, um sich nicht wieder blicken zu lassen, wenn er nicht so geduldig und gut wäre. Die Verliebten schätzen ihn. Sie vertrauen ihm alles an. Sie duzen ihn. Und wenn er, anstatt so hoch oben, sich in grösserer Nähe befände, würden sie in seine Fensterscheiben einbrechen wie ein Schwarm Schmetterlinge.

Man kann sich vorstellen, wie dankbar die Verliebten sind, dass sie einen speziellen Ort haben, wo sie ihn betrachten können und von ihm betrachtet werden. Sie würden ihm sogar einen Altar errichten, wenn er nicht so am Himmel herumtummeln würde und mit einem Netz zu fischen wäre, wenn er auf dem Meere schaukelt. Wir wären nicht verwundert zu erfahren, dass in Palma mehr Leute heiraten, seit man den Hafen hergerichtet hat. Die Gelegenheit macht Verliebte, und hier haben sie Gelegenheit, in Frieden und Zurückgezogenheit sich alles das zu sagen, was die Zunft der Verliebten vorschreibt. Der Mond könnte sich darüber als Sachverständiger äussern.

Nun ist es mit der Liebe aber so: Wenn die Gelegenheit so poetisch und die Lage so günstig ist, dann ist die Liebe besser als das Heiraten, und man läuft unverzüglich Gefahr, dass die Verlobungszeit sich hinzieht wie ein Stern mit Schweif. Wer spricht dem chronischen Mondbadenden von Trauungsformalitäten, wenn er den Himmel als Zeugen hat? Wie will man die

Epistel Sankt Pauls oder die ganze lateinische Sprache mit der des süssen Trabanten vergleichen? Wer dringt in das prosaische Leben ein, wenn man es in Reimen lesen kann? Wer schliesst seine Frau zu Hause ein, wenn man mit der Verliebten unter so einem idealen Baldachin sein kann? Und wer spricht von Heiratsverträgen, wenn man sich vor solch einer grossartigen Kulisse den Hof machen kann? Der Hafen hilft denen, die sich lieben, aber er hilft ihnen so gut, dass sie nicht mehr fortgehen möchten. Der Mond ist die Ursache, dass die Verliebten sich schöne Dinge ins Ohr flüstern, aber da sie so schön sind, werden sie zu oft wiederholt. Deshalb lässt Mephisto den Mond erscheinen, als Gretchen dem Faust vom Fenster aus zuruft, — wenn auch der Mond im *Faust* nur aus Magnesiumfeuer besteht! Der grosse Schurke weiss nur zu gut, dass man das, was man im Mondschein ersehnt, dann auch wirklich wünscht.

Wie dem auch sei, dieser Hafen Palmas ist ein so schöner und ruhiger Ort, — wenn man ohne Begleitung dorthin geht, geschieht es nur aus folgenden Gründen: Man hat zu wenig oder zu viele Jahre auf dem Rücken, man ist zu jung oder zu alt, oder man hat sich verspätet oder verfrüht.

Wer eine Frau oder eine Verlobte hat und sie nicht jeden Abend zum Mondbad in diesen glücklichen Hafen Palmas bringt, der gehe zu Bett! Er ist fast nicht wert, jung zu sein!

DIE MÄNNER PALMAS

Wenn wir von allem sprechen wollten, was in Palma wert ist, erwähnt zu werden, — den Gebäuden, den Strassen, den Höfen und den Kunstwerken, — so würde die Zeit nicht ausreichen.

Wir müssten von der *Lonja* sprechen, dem strengsten, ebenmässigsten gotischen Gebäude, das man im Mittelalter errichtet hat; vom Kloster *San Francisco,* einer Prozession langer Säulen, die einen ganz schlanken Klosterhof umringen; von der Kirche *Santa Eulalia* mit ihrem aussergewöhnlich schlanken gotischen Schiff. Wir müssten von soviel Palästen sprechen, die auf der Insel in Ruhe verharren oder sich gerade noch aufrecht erhalten..., aber es wird Zeit, von den Einwohnern dieser Stadt zu reden. Gott helfe uns, sie zu beschreiben.

Geradeaus, ohne Umwege, wollen wir drei Dinge erwähnen, die sie auszeichnen: Eleganz, Nachdenklichkeit und Ruhe.

Der Palmesaner, sei er aus dem Volke, Aristokrat oder Bürger, besitzt dank Überlieferung oder Veranlagung eine natürliche Vornehmheit, die sich in allen Einzelheiten äussert. In der Kleidung ist er immer korrekt; im Denken hohen Flugs, und im Sprechen hat er einen so reinen Wortschatz, dass der «Bund des reinen Wortes» hier sehr wenig Arbeit vorfinden würde.

Neben der Eleganz besitzt er Überlegungsvermögen, aber das viele Überlegen treibt ihn zum Pessimismus und zur Unterschätzung seiner Kräfte. Der Palmesaner denkt über die Dinge nach, beurteilt sie gut und diskutiert darüber mit so einem klaren und gesunden Verstand, dass man nichts mehr hinzufügen kann, wenn er den Gegenstand erschöpft hat. Da er vom Feuer und der Wirklichkeit des Kampfes weit entfernt ist, sieht er den Dingen mit Gemütsruhe zu, aber die Überlegung hemmt seine Tätigkeit. Wenn er etwas gut durchdacht hat, überlegt er es wieder, und wenn es gut überlegt ist, führt er es aus Übermass an Überlegung und zuviel Misstrauen gewöhnlich nicht aus. Deshalb liegt die Bedeutung Palmas mehr in seinen Dichtern als in Menschen, die sich mit Taten auszuzeichnen pflegen.

Schliesslich, da er elegant und überlegend ist, so fehlt es ihm auch nicht an Ruhe, und — abgesehen von den Leuten in den Dörfern, die hier wie überall den ganzen Tag arbeiten, um sich das tägliche Brot und den Unterhalt zu verdienen, — wenn er faulenzen kann, so tut er es und tut gut daran; und wer es nicht kann, der hat es andererseits nicht eilig, da er ohne Zweifel und mit gesundem Menschenverstand daran denkt, wie kurz die Spanne unseres Lebens ist und dass es nicht der Mühe wert ist, sich dafür abzuschinden.

Diese drei Eigenschaften bringen natürlich noch andere mit sich, wie Güte, Freundlichkeit, Einfachheit und Festhalten am Überlieferten. Der Palmesaner ist gut — im guten Sinne des Wortes. Es gibt hier keine Verbrechen und keine Diebstähle. Jedermann begnügt sich mit dem, was er hat, und manche geben von ihrem Besitz so viel aus, dass sie schliesslich ihr Elternhaus mit den Möbeln verkaufen müssen.

Wenn es nicht wegen den Telegrammen und gelegentlicher literarischer Artikel wäre, wüssten die Zeitungsleute nicht, wie sie die Zeitung füllen könnten; die Gendarmerie ist nur dazu da, um mit der Prozession zu gehen und um sich auf der Landstrasse verstauben zu lassen.

Die Einfachheit beweisen sie durch ihre Umgangssprache, die flüssig und gemessen ist. Sie sind so einfach und natürlich, dass, wenn sie einen Ausdruck oder Begriff gebrauchen müssen, von dem sie annehmen, dass er geschwollen oder pomphaft klingt, so sagen sie ihn in kastillanischer Sprache: *Los sagrados intereses... La integridad del suelo patrio... El concierto de las naciones... Los discursos de alto vuelo... La paz del hogar... La paz armada*[1], und alle diese aufgeblasenen Phrasen, die man im rednerischen Ton hersagen muss, damit sie gut klingen. Sie können das nicht in ihrem mallorcanischen Dialekt sagen. Sie finden es zu geschwollen, und die Gabe der Einfachheit bildet ihnen einen Knoten im Hals, sodass sie nur das Gute in ihrer Muttersprache sagen.

Was das Festhalten an der Tradition und an der Überlieferung anbelangt, so sind sie instinktiv und pflichtbewusst. Sie verstehen zwar, dass wer in einem nebligen, kalten, ungesunden und elendsvollen Land geboren ist, Anlage zum Revolutionär haben kann; aber auf dieser Insel, wo es das ganze Jahr über Frühling ist, das Elend sich nie ganz schwarz zeigt, es keine Kohlengruben gibt, sondern Mandelblüten und Olivenbäume, — wäre eine Revolution nicht angebracht. Hier prote-

1. Die heiligen Interessen... Die Unantastbarkeit des Vaterlandes... Einigkeit unter den Völkern... Hochtrabende Reden... Der häusliche Frieden... Der bewaffnete Frieden...

stiert niemand. Frieden, immer Frieden, und mehr Frieden. Sie sind zufrieden und wollen sich nicht bewegen. Man lässt die Adligen in ihrem Auto hin- und herfahren, hausgebackene *ensaimadas* essen und auf fliegende Tauben schiessen. Man lässt die Ladeninhaber soviel und so teuer verkaufen, wie sie wollen; man lässt die Ärzte die Kranken besuchen, man lässt die Kranken wieder gesund werden, alle dürfen acht Stunden im *Born* (oder wo sie mögen) sitzen, und niemand wird deshalb protestieren. Selbst die Republikaner, so begeistert sie auch für die Republik sind, haben keine Eile, sie herbeizuführen. Die Sozialisten (falls es hier welche gibt) wollen vor allem, dass man den Sozialismus gut versteht. Was den Fortschritt anbetrifft, so wird er von allen verlangt, aber er soll langsam kommen, im Maultierschritt, damit das Rütteln die Wartenden nicht aufwecken soll.

Immerhin, wenn ein Palmesaner als Ausnahmefall tatkräftig ist, sei es aus reaktionären Gefühlen oder aus einem anderen Grund, so leistet er ausserordentlich viel Arbeit. Man könnte einige Beispiele schildern, die dies zu beweisen vermögen, aber die Ausnahmen sind nicht die Regel. Hier darf man Dichter erwarten; es hat hier so eine grosse Menge davon gegeben, dass sie allein der katalonischen Sprache zur Ehre gereichen würden. Hier kann man Prosa-Dichter, Menschen der Wissenschaft, der Überlegung, des Verstandes verlangen, aber man muss ihnen Zeit lassen. Man darf sie bei der Arbeit nicht antreiben, und wer zu emsig sein will..., fort mit ihm! Die Arbeit muss mit Bedachtsamkeit vor sich gehen. Dass die Arbeit eine Tugend ist, ist eine Erfindung von jemanden, der nie gearbeitet hat, um die anderen anzutreiben.

Diese Wesensart, die der Palmesaner im allgemeinen besitzt, dieser träumerische und beschauliche Zug, macht ihn im Umgang mit anderen so sympathisch. Der aktive Mensch ist egoistisch veranlagt. Man kann kaum mit ihm sprechen. Er hat die Zeit bemessen. Er sagt, dass sie Geld sei und will sie nicht verschwenden. Er wirft alle Zuneigungen in eine Sparkasse. Er schafft für sich und ausschliesslich für sich; dagegen ist der Mensch, der es nicht eilig hat, nicht karg mit der Höflichkeit und macht das Leben angenehmer für die, die das Glück haben, mit ihm zu verkehren.

Auf der Welt sollte der Gedanke soviel Platz haben wie die Arbeit, und die Inseln müssten die Laboratorien des Denkens und der Verbreitung neuer Ideen sein, damit sich die anderen darüber streiten; denn nichts hat mehr Leute umgebracht und mehr Kriege entfacht als die Erfindung eines Dogmas.

Erfinde also, oh Palmesaner! Überlass es den anderen, sich zu streiten. Du kannst nichts Besseres tun, als dich in Ruhe auf deiner Insel der Beschaulichkeit zu widmen, während die übrigen vom *porvenir incierto* [1] (du siehst, ich sage es dir auf Spanisch) wie vergiftete Ratten von einer Seite zur anderen hin- und hergetrieben werden.

1. Ungewisse Zukunft.

DIE FRAUEN

Die Frauen Palmas zu beschreiben, ist nicht leicht. Die Frauen sind immer rätselhaft, mehr den Sphinxen ähnlich, als die von *Born;* und wenn jener, der von ihnen sprechen soll, ein Fremder ist, dann ist die Sache noch schwieriger. Überhaupt dann, wenn er Landschaften malt und keine Porträts. Er hat keine Zeit, mit ihnen umzugehen, und wenn er sie hätte, würde er trotzdem nicht klug daraus werden, denn je mehr man mit Frauen umgeht, umso weniger versteht man sie.

Wir werden also nur das sagen, was man im Vorbeigehen und vom Hinsehen berichten kann.

Es fällt sofort auf, dass sie schön sind. Man weiss nicht, ob die Schönheit ihren Ursprung bei den Griechen hat; ob der Araber etwas damit zu tun hat in jener Zeit, als sie Odalisken waren; oder ob sie — wie die Mandelbäume — in einem plötzlichen Frühlingsausbruch erblüht sind. Auf jeden Fall haben sie etwas von Blumen, Araberinnen und Griechinnen. Ihr Blick ist reiner Frühling. So wie bei der Mandelblüte fällt es ihnen schwer, die Augen zu öffnen, aber wenn sie es tun, erblickt man maurisches Feuer darin. Wer es nicht ertragen kann, der blicke weg, — denn sonst würde er in einen Mauren verwandelt. Die Nase — wie bei den Zebras — kommt in gerader Linie von der Stirne herab, was ihnen eine gewisse Kälte verleiht. Aber wenn man ihre Nasenflügel betrachtet, so kann man ein verstecktes

Zittern bemerken. Wenn sie auch Statuen sind — so sind sie lebendige Statuen. Wenn man sie in ihrer Gesamtheit betrachtet, ist ihre Miene zurückhaltend, wie die der heiligen Katharina, aber unter dieser Heiligkeit sieht man so kleine Füsse mit solch entzückenden Schuhen, dass jener, der sich darin vergafft, geradewegs zum Traualtar geführt wird.

Hier wollen wir noch hinzufügen, denn es ist augenfällig, dass sie sehr oft in die Kirche gehen. Die Frauen gehen zuweilen aus Gewohnheit hin, oder wegen der öffentlichen Meinung, oder weil es ihnen von den Eltern so gelehrt worden ist, oder weil die Nachbarinnen hingehen, oder weil sie die Freundinnen antreffen, oder weil es vornehm ist — hauptsächlich wenn man in die Kirche der *Montesión* geht. So wollen wir nicht sagen, dass sie gerade fromm sind, aber vielleicht sind sie es doch, denn es gibt welche, die schleppen drei Bücher mit sich herum: das Messbuch, das Buch der neuntätigen Andachten und das Buch der Betrachtungen. Sie lesen sie fast alle drei. Ausserdem gehören sie dem Ausschuss eines Vereins für die Verteilung von Kleidern an die Armen, einer Frauenvereinigung und dem Bund der Marianischen Töchter an, und wenn es nicht so wäre, würden sie nicht hingehen. Sie täten schlecht daran, nicht hinzugehen, denn —. abgesehen von anderen Dingen, die hier keine Rolle spielen — ziehen sie einen leichten schwarzen Schleier über den Kopf, der ihnen das Gesicht so nett einrahmt, dass man bei ihrem Anblick mehr Andacht verspürt als sie selber.

Neben der Andacht mögen sie sich vergnügen. Sie gehen gerne zum Tanzen, und sie tanzen sehr gut, mit gesenktem Blick wie Jungfrauen, und mit keuchendem

Herzen wie Frauen. Sie gehen gerne im *Born* spazieren, nicht wegen der aufspielenden Musik oder dem Sitzen, sondern um immer den gleichen Weg zu gehen, der sie schliesslich zum Nest bringen wird. Sie mögen Gesang und Theater. Sie wären öfters dort zu sehen, wenn man sie hinführen wüde. Sie gehen auch zum Taubenschiessen. Wir glauben nicht, dass sie hingehen, um zu sehen, wie man die armen Tierchen verwundet, sondern um die zu verwunden, die solche Dinge anstellen. Es ist unmöglich, dass diese unschuldigen Augen, die so klar wie der Himmel Mallorcas sind, den Tod von Vögeln ansehen könnten, die ihnen so ähnlich sind.

Dies alles sieht man, und da man es sieht, darf man wagen, es zu beschreiben. Doch von den Herzen, die sich in diesen Körpern befinden, von den Gedanken, die in diesen von einem feinen Haarnebel umringten Köpfchen herumspielen, wissen wir nichts. Wir werden nie etwas davon erfahren, denn sie wissen vielleicht selbst nichts davon. Deshalb sind die Frauen immer so geheimnisvoll.

Wer durch die Ehe mit ihnen zu tun gehabt hat, beklagt sich darüber, dass sie eifersüchtig seien. Das ist allerdings ein sehr altes Übel, da schon unsere erste Mutter Eva eifersüchtig wurde, als sie ahnte, wieviel Frauen Adam lieben könnte, wenn mehr davon auf die Erde kämen... Man sagt von ihnen auch, dass sie tatkräftig sind — was wir immerhin bezweifeln möchten. Sie sollen gute Mütter sein — das stellen wir nicht in Frage; denn alle Frauen sind Mütter, ob sie das Meer umgibt oder nicht. Die Mutterschaft ist eine Gnade, die keine Insel und kein Kontinent verhindern kann. Es ist damit wie mit der Sonne: So neblig es auch sein mag, die Helle ist doch vorhanden. Die wenigen schlechten Frauen, die es gibt, sind Mütter geworden ohne es bemerkt zu haben.

Wir wissen aber mit Sicherheit von den schönen Frauen Palmas, dass sie sehr wenig sprechen. Eine schweigende Frau ist so etwas Aussergewöhnliches wie ein Stummer, der spricht. Daher ist ihr Verdienst gross. Das Wenige, was sie reden, ist süss und zart. Sie stimmen ihre Sprache wie eine Harfe. Der Ton ist so melodisch, dass man nicht weiss, ob man Worte oder Musik hört. Und wenn sie von Liebe reden — wie uns die Glücklichen berichten, die es aus persönlicher Erfahrung wissen — werden sie so schwermütig, dass der Zuhörer fast ohnmächtig wird.

Vielleicht lassen sie sich deshalb solange den Hof machen. Sie verwandeln es in eine wahre Laufbahn, die sie zusammen mit dem Liebsten durchstudieren, bis sie die Stufen des Altars erreichen. Immer mit dem Liebsten zusammen machen sie das Abitur, dann die anderen Prüfungen, bis sie Ärzte oder Advokaten werden. Wenn sie den Arzttitel erworben haben, suchen sie sich Kranke. Haben sie diese gefunden, lassen sie die Heiratsaufgebote verkündigen. Dann geht es in die Kriegsakademie, und zwischen einem Brief und dem anderen werden sie Leutnant. Wenn sie es zum Hauptmann gebracht haben, heiraten sie. Von der Strasse zum Balkon, vom Balkon zur Terrasse oder zur Villa, machen sie sich jahrelang den Hof, reden und schauen sich an... Mit diesem System sind wir nicht einverstanden, und sie wären es ebenfalls nicht, wenn sie über einen freien Willen verfügen könnten.

Unser freundlicher Leser wird inzwischen festgestellt

haben, dass ich die Ruhe wohl verteidigt habe, aber nicht bis zu diesem Ausmass. Wenn man in der Nähe so ein Geschöpf Gottes hat, dessen Blicke — die selbst den heiligen Ferriol in Versuchung bringen würden — man unnütz vergeuden lässt, so ist es nicht zu verwundern, dass man es im Alter bereut.

Man sieht also, dass die Frauen Palmas die Gaben der Güte, Geduld, Schönheit und Beständigkeit haben. Sollte es sich eines Tages in der Welt herumsprechen, dass es eine Insel gibt, wo die Frauen denken ohne zu reden, lieben ohne zu täuschen, zur Messe gehen ohne Betschwestern zu sein, ein gutes Herz besitzen ohne leichtlebig zu sein, dann werden Schiffsladungen voll Männer kommen, und die Eingeborenen werden sich befestigen und sie wie Löwen verteidigen müssen.

Aber nur keine Angst! Sie würden nicht fortgehen. Ihre Liebe zur *Roqueta* [1] ist so gross, und ihr Gehör hat sich so sehr an die Stille der Beschaulichkeit gewöhnt, dass — abgesehen davon, dass der Honig nicht für die Lippen der Fremden bestimmt ist — der Lärm der Welt sie töten würde.

1. Volkstümlicher Name der Insel (wörtlich: «Kleiner Felsen»).

DIE «OFFIZIELLEN ELEMENTE»

Da Palma seine Eigenschaft als Provinzhauptstadt noch nicht hat abschütteln können, gibt es dort gewisse fremde Herren, die man im allgemeinen als die «offiziellen Elemente» bezeichnet.

Im einzelnen weiss man nicht, wer sie sind. Sie befehlen, verwalten, verschaffen sich Gehorsam, schreiben öffentliche Aufrufe, erlassen Vorschriften, leiten die Dinge, gehen mit der Prozession, besitzen Orden und Auszeichnungen — die sie bei allen möglichen Gelegenheiten anlegen, — empfangen die Kriegsschiffe, sind beim Fahneneid zugegen, werden zu Ehrenbürgern ernannt, organisieren das Baumfest, walten als Vorsitzende bei den Stierkämpfen, präsidieren die Beerdigungen, die Gastmähler, und sind gleichsam das Schmuckstück der Bevölkerung und die dekorative Klasse.

Wenn die «offiziellen Elemente» keine offizielle Uniform tragen, besitzen sie mindestens einen Zylinderhut. Dieser Zylinderhut ist wie die Schlange — er wechselt die Haut im Herbst — und so behält er seinen Glanz, aber die Form bleibt zurück. Ferner verfügen sie über einen grossartigen Gehrock, dem gegenüber alle anderen Nichtigkeiten sind. Er ist so weit, so reichlich an Stoff, dass die anderen daneben wie wahre Stümperarbeit erscheinen. Dann haben sie einen ganz intelligenten Friseur, der es versteht, den Schnurrbart mit dem heissen Eisen so geschickt zu drehen, dass die anderen daneben wie disziplinlose Bürsten aussehen. Die «offiziellen Elemente» sind auf diesen Zierrat sehr stolz.

Mit diesen körperlichen Anlagen und diesem Ernst in der Kleidung merkt man natürlich überall gleich, dass sie zugegen sind. Sie verschaffen sich Respekt, vielleicht zuviel, denn wenn auch das Volk wünscht, dass sie überall dabei sein sollen — denn ohne die «offiziellen Elemente» würden keine Feste gefeiert, die Toten würden bei den Beerdigungen fehlen, bei den Gastmählern gäbe es keine Reden, — so bemerkt man doch, wenn sie ankommen, eine gewisse Kälte im Milieu, dass man fast wünscht, sie möchten wieder umkehren.

Das wünscht man, aber sie gehen nicht fort und tun gut daran. Erstens, wenn sie gehen würden, verlören sie ihr Gehalt, und das ist heilig; dann würden die Schneider dabei verlieren, und diese sind auch ziemlich heilig; ferner würde die Tressen-Industrie so zugrunde gerichtet, dass die Bevölkerung dabei verlieren würde; und schliesslich, wenn von heute auf morgen ein Grundstein zu legen wäre — für ein Denkmal, Marktplatz oder Priesterseminar — so müsste es ein Maurer oder Handlanger tun. Aber die Handlanger und Maurer — abgesehen davon, dass sie keinen Gehrock besitzen — legen schon die anderen Steine, und zwar soviele im Laufe des ganzen Jahres, von morgens bis abends, dass sie wohl einige davon für die «offiziellen Elemente» übrig lassen können, denn dafür sind diese da.

Immerhin, trotz all ihrer Kälte werden sie vom Volke gewünscht und je mehr, umso besser. Das Volk glaubt nämlich, dass je grösser ihre Anzahl ist, umso mehr verdient die Industrie, der Handel, die «lebendigen Kräfte», und wenn man dem Volk freie Hand liesse, gäbe es soviel «offizielle Elemente», dass alle befehlen würden, und es niemand gäbe, um die Befehle auszuführen.

Ihre Anwesenheit bei einem Festmahl hat zur Folge, dass die Reden vollständiger sind und mit besserer Aussprache gehalten werden. Man ist vorsichtiger mit dem, was man sagt und niemand wird beleidigt. Es erfolgen keine Angriffe gegen die Glaubensbekenntnisse und man weiss, wann man Beifall zu klatschen hat. Mit ihnen füllt man die Theater. Wenn sie auch in einer Loge sitzen, die ihnen das Unternehmen ohne Bezahlung zur Verfügung gestellt hat, so macht der Saal dadurch so einen prächtigen Eindruck, dass das Schauspiel Nebensache ist. Wenn man irgendeine Akademie eröffnen will, weiss man, dass man an diesem Tage auf sie rechnen kann, und sie werden mit einer Gelassenheit, die nur der gute Ton verleiht, allem zuhören, was gesagt wird. Sie werden mit dem Kopfe nicken, wenn der Augenblick gekommen ist. Sollten sie durch die Last des Vorsitzens ein Schläfchen halten, so vermögen sie, wenn sie auch nichts gehört haben, zum Schluss eine Zusammenfassung wiederzugeben. Wenn zufällig ein König oder ein Erbe von ihm ankommen würde, so wissen sie, wie man ihn begrüsst, was man ihm sagt, wie man ihn behandelt, und die «geführten» Klassen können dann diesen Richtlinien folgen. Auch kann man durch sie, wenn sie eine Familie haben — sie wird durch die Einsamkeit des Provinzlebens grösser als sie wünschen, — die Moden der Töchter wissen, die neuesten Hüte und Kleider kennen, und ein reineres Kastilianisch sprechen hören, als es im allgemeinen dort üblich ist.

Diese «offiziellen Elemente» beleben also die Städte

und sind sehr nützlich. Man darf es also an nichts fehlen lassen, um sie zu behalten und zu erhalten. Wie dem auch sei, sie haben aus irgendeinem Grund einen Rang, und wenn sie «offizielle Elemente» geworden sind, haben sie es im Schweisse ihres Angesichts verdient. Das Schwitzen unter dem Zylinderhut ist eine intellektuelle Tätigkeit und man hat oft gesehen, dass der Verstand eine Sache ist, die alle europäischen und umliegenden Regierungen immer beschützt haben. Das Übel ist aber hier in Mallorca, dass sie sich nicht «offiziell» genug bewegen, vielleicht, weil sie sich ihrer Umgebung anpassen, oder weil ihre Gehälter gering sind, oder weil die Insel sie mit ihrer süssen Schwermut angesteckt hat. Sie scheinen eher offizielle Denkmäler als «offizielle Elemente» zu sein. Man sieht sie nicht oft genug, sie machen keine Besuche und sind nicht anregend genug, was man eigentlich ihren Verdiensten nach von ihnen verlangen könnte.

Sie gehen fast nie ins Theater; den Kaffee nehmen sie wahrscheinlich zu Hause ein; sie legen so wenig Grundsteine wie nur irgend möglich; wenn sie überhaupt einer Beerdigung beiwohnen, so gehen sie nicht mit jener offiziellen inneren Freude hin, die man bei der Erfüllung einer Pflicht empfindet; wenn sie bei einem Stierkampf den Vorsitz haben, so sind sie nicht ernst genug, wie es dieses eindrucksvolle Schauspiel verlangt; man sieht sie nicht einmal bei den poetischen Blumenspielen — was soviel bedeutet, dass man sie nirgends sieht. Würde von Zeit zu Zeit nicht ein Geschwader fremder Schiffe einlaufen, wo sie dann aufgrund ihres Amtes einige Ehrenrunden tanzen müssen, so würde man fast sagen, dass sie nicht existieren.

Selbst die Töchter dieser «Elemente», die der Bevölkerung mit dem Beispiel vorangehen müssten, sieht man traurig und schwermütig unter einem Baum vom *Born* auf den Gitterstühlen sitzen. Sie hören dem Donauwellen-Walzer zu, als ob sie müde von soviel Wellen wären und von den Schiffen, die darauf heraumspazieren. Sie sprechen selbst die fliessende kastilianische Sprache langsamer. Ihre Kleider sind nicht mehr die der letzten Mode, sondern die der vorletzten oder älter. Wenn es nicht wegen ihres Amtes wäre, würden sie ausgehen, um zu Hause zu bleiben. Das Meer trennt sie, wie alle anderen, und sie spüren die Ruhe der Insel. Da sie auf der Insel nur die «offizielle» Wärme empfinden, oder weil es sich um Naturen handelt, die sich nicht an die heilige Ruhe gewöhnen können, oder sich nach einem weniger «offiziellen» Leben sehnen, so betrachten sie die abfahrenden Schiffe mit einem hoffnungsvollen Blick.

Das kommt daher, weil die Klasse der «offiziellen Elemente» ihr Leben lang darauf wartet... versetzt zu werden.

RUHIGE LÄDEN

Abgesehen von den bedeutenden Geschäften mit grossem Umsatz wo man an einem Tage bis zu dreissig Hemden oder ein Dutzend Unterröcke en gros kaufen kann (denn der grosse Handelsverkehr ist überall der gleiche), gibt es hier in Palma so ruhige und zurückgezogene Läden, dass es einem direkt wohltut, dort einzukaufen.

In allen diesen Läden weiss man kaum, was sie zu verkaufen haben. Eigentlich sind es Lädchen, wo man sich dem Verkauf-Spiel widmen kann, wo man vier Regale voller Kuriositäten hat, die Stunden der Hitze verbringt, und abends einen Stuhl heraustägt, um vor der Tür die frische Luft zu geniessen. Es gibt Männer, die einen Schrebergarten haben, um sich zu zerstreuen, — und hier gibt es welche, die zum gleichen Zweck Ladenbesitzer sind. Es gibt Frauen, die aus Zeitverstreib eine Bettdecke sticken, — und hier gibt es andere, die einen Laden besitzen, um sich die Augen nicht zu verderben.

Sie machen keine grossen Ausgaben, um den Laden auszustatten. Mit einem Bund Knoblauch und vier Tomaten kommen sie eine lange Zeit aus. Wenn sie über zwei Stühle und ein Tischchen verfügen, bringen sie es fertig, Erfrischungen auszuschenken. Mit vier Puppen aus Pappe kommen sie eine ganze Saison aus. Wir haben einen Laden gesehen, in dessen Schaufenster sich jahrelang ein Pfund Schokolade befindet. Entweder haben sie diese nicht verkaufen können, oder sie wollen sie nicht veräussern. In einem anderen gibt es anscheinend eine Katze zu verkaufen, denn man sieht auf dem Ladentisch nichts als eine zusammengekauerte Katze, die den Eindruck erweckt, dass sie gekauft werden möchte. Und schliesslich gibt es noch einen Laden, wo sich überhaupt nichts darin befindet, kein Ladentisch, keine Kästen, keine Regale, und man weiss lediglich, dass es ein Laden ist, weil draussen ein Schild ankündigt, dass es sich um ein «Kurzwarengeschäft» handelt.

Natürlich geht niemand in diese Geschäfte, und wenn es jemand tut, so geschieht es nie, um etwas einzukaufen. Lediglich gehen Nachbarinnen hinein, die nichts zu tun haben, ihr Haus abschliessen und auf Besuch gehen.

Dann geht das Gerede los. Sie sprechen vom Wetter, erzählen sich ihre Sorgen und beklagen sich über ihre Ehemänner (oder auch nicht). Sie fühlen sich dort so ruhig, so gelassen, so wohl und im Klatsch verwickelt — wenn jemand vorbeigeht und den Laden ernstnimmt und etwas kaufen will, so schauen sie ihn mit einem Blick an, der bedeuten soll: «Warum kommst du uns hier stören?», und wenn sie könnten, würden sie ihn umbringen.

Wir sind Kunden eines Tabakladens, wo jeden Tag mehr oder weniger die gleiche Szene stattfindet:

Der Ladeninhaber sitzt steif wie ein Stock hinter dem Ladentisch.

«Zigarren», sagen wir.

Er bewegt sich nicht.

«Billige Zigarren!»

Er bewegt sich immer noch nicht.

«Zigarren zu fünfundzwanzig Pfennige das Stück!»

Er hebt seine Augen zu dem Paket, wo sich die Zigarren befinden.

«Wir wollen Zigarren zu fünfundzwanzig Pfennige das Stück!»

Schliesslich streckt er seinen Arm aus, den er mächtig strecken muss, um die Zigarren ohne aufzustehen zu erreichen. Dann überlegt er, welches Paket er von den beiden herausziehen muss. Er nimmt eins, wickelt es auf, und daraus kommen nur zwei Zigarren.

«Wir wollen mehr», sagen wir.

Und er schaut uns an, als ob er sagen möchte:

«Hast du heute noch nicht genug geraucht?»

«Wir wollen mehr», wiederholen wir.

Dann endlich nimmt er noch einige heraus, aber mit einem Blick, der bedeuten soll: «Glaubst du etwa, ich bin Inhaber dieses Tabakwarengeschäftes, damit du kommst, um mich aufzuregen?» Man muss schon ein richtiger Kettenraucher sein, um bei dieser Behandlung nicht fortzugehen oder es überhaupt aufzugeben.

So geht es Tag für Tag: Zigarren, Paket und Blick. Und wir regen ihn dabei so auf, dass er vielleicht den Laden schliessen würde, wenn er nur wenige Kunden mit unserer Halsstarrigkeit hätte.

Aber dieser Tabakhändler, wie er auch sei, fertigt seine Kunden ab. Eingeschlossen in seinem Kasten, bewegt er sich kaum, aber das Geschäft geht, was nicht von allen Geschäften gesagt werden kann.

Eines Tages traten wir in einen Schuhladen, da wir unsere Schnürsenkel zerrissen hatten.

«Hätten sie ein Paar Schnürsenkel?» fragen wir.

«*Na Malguelida!*»

«Ja, ja, Schnürsenkel.»

«Das ist Sache der *Na Malguelida.*»

«Und wer ist diese *Na Malguelida?*»

«Wer es ist? Meine Frau. Sie weiss, wo sie ihre Kästchen hat.»

«Und könnte sie nicht...?»

«Natürlich kann sie.»

Dann, schreiend:

«Komme herab, *Malguelida!* Hier ist ein Herr, der ungeduldig wird!»

Dann wendet er sich an uns:

«Haben sie es vielleicht eilig?»

«Einigermassen.»

«Wir haben es niemals eilig. *Na Malguelida* auch nicht. Ich sage ihr zwar: *Malguelida,* du müsstest etwas rascher sein, — aber wenn sie ihre Suppe kocht, so geht ihre Suppe allem voran. Mögen sie die mallorcanische Suppe?»

«Sicher mag ich sie.»

«Möchten sie einen Teller davon mitessen?»

«Was ich will, sind jene Schnürsenkel.»

«Meine Frau weiss, wo sie sind. Sie weiss alles. Ich mache lediglich Schuhe und kümmere mich um nichts anderes.»

Dann ruft er:

«*Malguelida!*»

Und da er sieht, dass *Na Malguelida* weder kommt noch antwortet, schaut er uns an und sagt uns ins Gesicht:

«Sie könnten später wiederkommen. Machen sie einen kleinen Spaziergang und schauen sie dann wieder herein.»

«Wofür soll ich eigentlich wiederkommen!», sagen wir.

«Sie werden zurückkommen», sagt er. «Ich weiss es. Sie haben sicher nicht viel Arbeit.

«Guten Tag.»

«*Bon dia tenga.*»

Man kommt mit der Überzeugung heraus, dass die Schnürsenkel schliesslich gar nicht so notwendig sind; dass man ohne sie auch gehen kann; dass in Wirklichkeit die Suppe den Vorrang vor allen Schnürsenkeln und Schnürchen hat; und dass es beim Verkaufen wie beim Essen zugeht: Wenig verkaufen und gut verdauen ist besser als im Übermass essen.

Es herrscht kein Zweifel darüber, dass man sich in diesen kleinen Läden genügend Zeit zur Verdauung nimmt. Es gibt Ladenbesitzer, die einem nicht bedienen, bis sie die Kriegsberichte der Zeitung *La Almudaina* vollständig gelesen haben. Andere ziehen beim Eintritt eines Kundes zwei Stühle heraus — einen für den Kunden und den anderen für sich selber, und verbringen den ganzen Nachmittag so zerstreut und vergnügt, dass letzten Endes der Kunde nicht mehr weiss, was er kaufen wollte und der Inhaber vergessen hat, was er verkaufen sollte. Ferner gibt es andere, die so ordnungsliebend sind, — wenn jemand irgendeine Ware verlangt, so sagen sie ihm, dass sie nicht vorhanden sei, um beim Ausräumen keine Unordnung zu verursachen.

Denn Ordnung herrscht wahrlich in diesen intimen Läden. Sie haben zwar wenig Ware, aber was sie haben, ist so sauber, so gepflegt und so adrett, dass es ihnen leid tut, wenn jemand sie mitnimmt. So bekommen alle Gegenstände eine Schicht Edelrost und die Harmonie zwischen Laden und Ware wird so gross, dass man meint, sie bestünden aus einem einzigen Stück.

Gott behüte uns vor den grossen Warenhäusern, wo die Waren lieblos behandelt werden und man sie mit einer empörenden Verachtung aus den Augen schafft! Sie wissen nicht, wie nett es ist, Kästchen zu besitzen, die im Hause alt geworden sind wie die guten Weine im Keller, und sie haben von einem richtigen Laden keine Ahnung. Sie verkaufen nicht; sie fertigen lediglich ab.

Hier ist der kleine Laden so winzig, dass sie denken: «Wenn du verkaufst, wird er leer!», und ein leerer Laden ist etwas so Trauriges, dass sie es überlegen, bevor sie ein Stückchen veräussern, es betrachten und es verteidigen. Wenn der Käufer stärker ist als sie und es mitnimmt, so blutet ihr Herz so sehr, dass sie am liebsten hingehen würden, um davon Abschied zu nehmen oder es dem Kunden wieder zu entreissen.

Aber natürlich verkaufen sie!... Sie müssen davon leben!... Selbst wenn sie den Laden eingerichtet haben, um daran Vergnügen zu finden, so hilft ihnen dies Vergnügen, sich die Suppe zu verschaffen.

Daher ist der kleine Handel der ruhigen Stadt Palma ein Handel der Sentimentalität. Man verkauft, weil man dazu gezwungen ist, aber mit einer gewissen Portion Schlaffheit.

DER TANZ IN «*LA PROTECTORA*»

Natürlich möchte sich der Palmesaner auch vergnügen, und damit man sieht, wie man sich im Übermass vergnügen kann ohne jemand zu beleidigen, nicht einmal sich selber, so werden wir einen Maskenball beschreiben. Bei so einem Maskenball — wie die behaupten, die häufig daran teilnehmen — kann ein Mann am meisten verlieren, selbst wenn er im allgemeinen nicht zu den Verlierern gehört.

Also gut: Die Tänze, die man hier in Palma veranstaltet, sind so vernünftig und allen Sünden fern, so sittenstreng, dass, wenn sich Fastnacht nähert, jeder Vater seine Kinder hinführen müsste, selbst unter Anwendung von Gewalt, wenn sie nicht freiwillig hingingen. Sie würden dann schon als kleine Kinder sehen, dass das, was man als Verderbnis bezeichnet, in Wirklichkeit ein Nest guter Sitten ist; und da die Kinder — und die, die es nicht sind — die guten Sitten als langweilig empfinden, so würden sie nicht mehr von der Ausartung des Tanzes reden. Damit hätte man zeitlebens für die Tugend ein Exempel statuiert.

Die Veranstaltung, die ein wüstes Gelage sein sollte, aber in Wirklichkeit ein Beispiel guter Sitten ist, findet sonnabends in einem Verein statt, der sich «La Protectora» nennt. Es handelt sich um eine sehr sympathische Vereinigung und ihr Zweck ist weder der Tanz, noch die Fastnacht und nichts, was diesen Dingen ähnlich sieht; aber da sie ein so grosses Lokal haben, wo alle männlichen und weiblichen Mitglieder und deren Bekannte sich drehen können, ferner Wirtschaftstische, wo man trinken kann, was man will, und ein Podium für die Musik, so sagen sie, sobald eine Gelegenheit kommt: «Ein Tag ist ein Tag. Herbei mit den Masken und der Schwelgerei. Wer sündigen will, der sündige, versinke darin und zerplatze. Wir haben die Fastenzeit, um das Schlechte, was wir getan haben werden, zu büssen. Wenn man sich einmal im Jahr nicht austoben könnte, Teufel!, hätte die Tugend keinen Verdienst.»

Die Männer ziehen sich um, die Frauen maskieren sich, und zur «La Protectora» geht's, um sich in die Zügellosigkeit zu stürzen.

Die Männer tragen die gleichen Anzüge wie jeden Tag, aber sie stülpen den Hut etwas nach hinten, damit man daran erkennen kann, dass sie Spektakel machen wollen. Die Frauen bedecken ihr Gesicht, denn sie wollen nur von denen erkannt sein, die hinter ihnen herlaufen — gewöhnlich die Schwestern, die Basen und die Mutter. Sie rufen sie nach ihrem Namen, aber sie verdecken sich auch das Gesicht, und bringen sogar ein kleines Kind mit, um es nicht alleine zu Hause zu lassen.

Ab und zu sieht man zwischen den Familien einige Mädchen eintreten, und an ihrer Traurigkeit und langweiligen Miene kann man sofort erkennen, dass sie der fröhlichen Welt angehören. Junge Männer, den Hut nach hinten gestülpt und eine Zigarrenspitze im Mund, begleiten sie. Einige der Mädchen gehen als musikalische Komödien — die in der letzten Saison Erfolg gehabt haben — maskiert, wie *Die Dollar-Prinzessin*, *Luxemburg*, *Die lustige Witwe*, *La Revoltosa*, usw. Man sieht häufig Kinder- und Manilahalstücher und sogenannte Phantasiekleider, die gewöhnlich aus einer Bettdecke oder aus den Vorhängen des Schlafzimmers hergestellt sind.

Wenn sie die Mäntel abgelegt haben, treten sie in den grossen Saal ein, gehen im Kreise herum, sagen niemandem etwas und verstossen nicht gegen die guten Sitten. Wenn sie einige Freundinnen antreffen, nehmen sie sich schweigsam beim Arm, um einen grösseren Haufen zu bilden. Sobald die Musik zu spielen anfängt, nehmen sie den Tross der Mütter und kleinen Geschwister und setzen sie im Kreis herum.

Kaum sitzen die Mütter einen Augenblick, schlafen sie ein. Sie tun gut daran. Sie schieben die Maske auf die Stirne und schlafen darunter in Gelassenheit. Wenn sie nicht schnarchen, so geschieht es, weil sie es nicht wagen, oder weil sie fürchten, erkannt zu werden. Die Kinder staunen eine Zeitlang über die Pracht der Lichter, und dann schliessen sie ihre Augen. Sie schlafen nicht, aber sie tun so, als ob sie schliefen und man meint, dass es Schmetterlinge seien, denen die Helligkeit in den Kopf gestiegen ist. Vorne warten die Masken, und wenn man diese Reihen geduldig wartender Menschen sieht, die sich im ganzen Saal befinden, so kommt man sich wie in einem Thermal- oder Schwefelkurbad vor, wo man gerade beim Pfänderspiel beginnen will.

Aber nun setzt die Musik ein und es geht los. Von allen Seiten kommen die Pärchen und wiegen sich unter den Klagen des Schlagers *Ven y ven*. Der Saal ist voller Menschen, die sich zu ihrem Vergnügen drehen. Einige tanzen mit der Hand auf der Schulter der Partnerin, andere mit einem Schal um den Hals, diese halten sich mit Zärtlichkeit die Hände, jene drehen sich mit einer Umsicht, als ob es sich um die Erfüllung eines Gelübdes handelte. Es gibt ältere Eheleute, die die ganze Nacht tanzen, als ob der Mann seine Frau nicht kennen würde. Bei anderen, die sich zuviel kennen, hat es den Anschein, da die Frau maskiert ist, dass sie sich nie gesehen haben oder sich niemals mehr sehen werden. Schliesslich kann man welche beobachten, die so ernsthaft, schweigsam und dem Takt nach tanzen, dass man nur ein Rauschen hört, — das Schleifen des Teppichs, — und man wundert sich, dass diese jungen Leute hierher gekommen sind, um sich zu vergnügen.

Dem *Ven y ven* folgt gewöhnlich ein Walzer, dann ein schottischer Tanz und darauf ein Tango. Aber sei es Walzer oder nicht, man dreht sich immer in der gleichen Art, übt die gleiche Arbeit schweigsam aus, man folgt dem klagenden Ton des Kornetts, das anscheinend irgendeinen Kummer hat, den es nicht loswerden kann. Der Takt kann sich vielleicht ändern, aber die Aufgabe besteht darin, zu schweigen und sich zu drehen, bis man ins Schwitzen kommt. Wenn sie an diesem Punkt angelangt sind, haben sie ihr Ziel erreicht. Sie gehen hin, um die Mütter zu wecken, die plötzlich mit der Maske am Knöchel aufwachen und glauben, dass es Zeit ist, aufzustehen. Dann begeben sich Mütter, Kinder, Tänzer und Masken zum Trinkgelage.

Die Ausschweifenden und Lärmmacher trinken allein, aber in der Öffentlichkeit, in den kleinen offenen Logen. Jene fröhlichen Mädchen sind immer noch traurig, denn sie haben den auffälligsten Platz, wo man sie am besten sieht. Die Stammgäste des Hauses trinken in einer geheimen Stube, wo jedermann hineingehen kann. Aber das Publikum, das wahre Publikum, mit Kinder- und Manilahalstüchern und Phantasiekleidung, geht ins Kaffeehaus mit den Tänzern und veranstaltet ein richtiges Familiengelage.

Dort kostet ein Glas Mandelmilch zwanzig Pfennige, und da die Masken sich mit Mandelmilch begnügen, stellt euch mal vor, was für ein wüstes Gelage man für zwei Pesetas anrichten kann, und wieviel Mandelmilchflaschen entkorkt werden! Jedermann nimmt soviel, wie er will. Man bedauert die Verschwendung nicht, koste es, was es wolle! Wenn auch jeder den anderen kennt, so ziehen sie beim Trinken die Masken bis über den Mund und drehen sich den Rücken zu. Das Geheimnis scheint so gross zu sein, dass selbst nach vielen Jahren niemand wissen wird, mit wem er getrunken hat. Ja, das Geheimnis muss mit hinab ins Grab gehen!

Aber siehe da, sobald sie getrunken haben, halten es die Mütter nicht länger aus und nehmen die Masken ab..., komme was da will. Da sich die Mütter kennen, so geschieht das gleiche mit den Töchtern, und wer will dann noch unter Bewahrung des Inkognito schwitzen? Weg mit den Masken, Klarheit im Reden! Sobald das Gelage der Mandelmilch und der Brauselimonaden aufgehört hat, kennen sie sich so gut wie vorher, aber von Angesicht zu Angesicht, und wenn der Tanz wieder aufgenommen wird, ist aus dem Maskenball ein gewöhnlicher Vereinstanz geworden.

Trotzdem ändert sich nichts. Es ist der gleiche Ball, das gleiche Drehen im Kreis, das gleiche Abschleifen des Teppichs, die gleiche Klage des Kornetts, das, je später es wird umso mehr Gefallen am Klagen findet, denn der Schlaf treibt es zum Weinen an.

Wenn sie sich zwei oder drei Kilometer gedreht haben, wird es Zeit, die dort ausgebreiteten Mütter wieder zu wecken. Sie liegen auf den Stühlen mit den Masken auf dem Rücken — wie die Soldaten den Tornister. Sie schieben sie mit sich fort und tragen die Kinder, die nicht wissen, wo sie sind, wo sie hingegangen waren oder ob es Morgen oder Abend ist.

Allmählich kommen die «Draufgänger» am Arm ihrer «Eroberung» heraus, die sie bereits vorher erobert hatten. An der Türe herrscht die gleiche Stille und Zurückgezogenheit wie beim Schluss einer neuntägigen Andacht. Niemand hat die Gebote übertreten! Keiner hat eine Mandelmilch über das Mass getrunken! Niemand hat über die Stränge geschlagen! Sie sind in einem gefährlichen Ort gewesen und haben nicht einmal einen Pantoffel auf dem Teppich verloren. Nachdem die Schlacht vorüber ist, bleiben darauf nur Papierblumen liegen, einige welke Masken und ein paar Knöpfe, die sich in den Fäden der Manila-Tücher verfangen hatten.

DIE RUHE DER FASTENZEIT

Diese Ausschweifungen in «La Protectora» müssen ein Ende haben und sie haben es auch. Wir sind nicht auf die Welt gekommen, um uns zu verkleiden und dem Vergnügen nachzugehen. Es ist zwar gut, wenn der Mensch in einem Augenblick psychologischer Überspantheit die Grenzen überschreitet und sich sogar vergnügt — denn der Mensch ist schwach, das Fleisch bleibt Fleisch und hat seine Fehler, — aber es kommt die Stunde, wo er sich zusammenreisst und sagt: «Schluss! Fort mit der Mandelmilch und der Brauselimonade!»

Nach der Fastnacht kommt die Fastenzeit. Man darf nicht immer die Schranken überschreiten. Sogar die Sünde muss ihre Grenze haben. Trotzdem sind wir der Meinung, dass auf dieser Insel — wo die Leute natürliche Güte besitzen und die guten Sitten gepflegt werden — wenig gesündigt wird, ausser in Gedanken, denn man kann ihnen nur unter Schwierigkeiten Halt gebieten. Man übt sich also in der Zurückhaltung und es sei besonders erwähnt, dass die Leute, die kaum sündigen, sich die grössten Bussen auferlegen.

In Palma haben wir mehr oder weniger das ganze Jahr über Fastenzeit. Nicht, weil man Fische isst, — das bringt die Nähe des Meeres mit sich, — sondern weil eine so schweigsame Stadt wie diese zur Betrachtung hinlenkt, und wenn man sich der Betrachtung hingibt, so hat man Fastenzeit.

Es ist also immer so, — aber wenn die richtige Fastenzeit kommt, dann ist es umso mehr. Die Theater führen gewisse Schauspiele auf, wohin man — obwohl es nicht getan wird — die Frauen mitbringen kann. Die Musik spielt einen langsameren Takt und nimmt gregorianischen Charakter an. In den Kinos lässt man die Filme bei grösserer Dunkelheit und Zurückgezogenheit ablaufen. In den Cafés herrscht mehr Ruhe. In den Küchen zündet man weniger Herde an. Die Prediger auf den Kanzeln fordern zur Enthaltsamkeit auf und man glaubt, dass sie im allgemeinen Gehör finden.

Das Leben in Palma wird ruhiger, aber mit Vorsicht, ohne dem Handel und den lebendigen Kräften Schaden zuzufügen, denn eins ist die Erfüllung der Gebote und das andere die Stillegung der Geschäfte. Man kann sagen, dass das Lebensrohr der Stadt nur halb geöffnet ist, aber dann kommt die Karwoche und die Ruhe ist fast vollständig. Je mehr man durch diese charaktervollen Gassen geht, umso leerer und entvölkerter findet man sie. Auf den Plätzen, selbst auf *Es Born,* halten die Wagen an; die Stühle werden nicht benutzt, selbst die Glocken hören zu schlagen auf.

Es herrscht überhall die Stille einer Stadt, die in den Todeskampf übergeht. Es hat den Anschein, als ob die Einwohner Trauerkleidung trügen. Alle Leute gehen in Schwarz gehüllt umher, mit traurigen Gesichtern und langsamen Schrittes, die Männer mit demütigem Blick und die Frauen mit gesenkten Augen. Sie gehen zur Kathedrale, treten durch die Portale ein, knien drinnen nieder und gehen wieder heraus. Dann begeben sie sich mit der gleichen Andacht in andere Kirchen. Sie müssen für jene vier Limonaden Busse tun!

Später bei Sonnenuntergang stellen sie sich in zwei Reihen auf, und mit der verschwommenen Traurigkeit der schweigenden Menge beginnt die Prozession *La Sang* [1] durch die Strassen zu ziehen und ihr Vorbeigang ist so feierlich, dass Palma wirklich den Atem anhält. An der Spitze marschieren alte Trommler, mit antiken Kostümen bekleidet, und gebieten durch ihre Paukenschläge Ruhe und Schweigsamkeit. Der Ton ist so gleichmässig, dass er sich wie der Takt für den Weg ins Jenseits oder für die eigene Beerdigung anhört. Darauf folgen Büsser mit traurigen Gewändern, deren blaue und grüne Färbung so bedrückend und schwermütig scheint, dass man das Empfinden hat, die Freude sei aus der Farbe gewichen und habe den entfärbten Tod hinterlassen. Von Zeit zu Zeit geht ein barfüssiger Mann vorbei. Er hat das Gesicht verdeckt, um das Leiden unsichtbar zu machen und um es mit dem Geheimnis su vergrössern. Dahinter folgt ein kleiner Junge wie ein Engel — mit seinen vier Jahren hat man ihn als Martyrer verkleidet. Danach kommt die Musikkapelle, die einen Trauermarsch bläst. und fast zum Schluss, in der Nähe von *La Sang*, sieht man so eine traurige Fahne vorbeiziehen, dass man sie niemals vergessen kann. Sie hat eine unbeschreibliche Farbe, einen toten grauvioletten Ton wie ein welkes Blatt, ein entfärbtes Schwarz, ganz verschwommen... Sie besitzt die Patina eines Weihegeschenks, das Gelb vergrabener Kleider und hängt mit einer matten Schattierung herab, die niemals einen Widerschein von sich gegeben hat.

Natürlich genügt diese Note, um Palma ganz krank

1. Das Heilige Blut.

zu machen. Man entfernt sich von dort mit einer Niedergeschlagenheit, dass man sich gerne zwei oder drei Monate auf den Sand legen, an nichts und an niemand denken und nicht einmal Brauselimonade trinken würde.

Die Insel beruhigt und streichelt euch, wiegt und schläfert euch ein, und schliesst euch mit einer zarten und süssen Hand die Augenlider und sagt: «Schlaf ein, mein Kind... Schlaf gut, denn während der Mensch schläft, sündigt er nicht.» Die Insel scheint niemals so sehr Insel zu sein wie in den letzten Tagen der Fastenzeit.

Ich weiss wohl, dass die Ketzer sagen werden: «Das ist die Abtötung der Tatkraft, die Einschläferung und Schwächung des Volkes!» Arme Ketzer! Wie sind sie zu bemitleiden!... Was machen wir aus der Tatkraft, wenn wir die, die wir haben, nicht benutzen? Was hat man davon, es immer eilig zu haben, wenn man nicht weiss, wohin man geht? Was nutzt das Predigen, wenn die Predigt nicht gehört wird?... Wenn das Volk Ruhe will, so gebe man sie ihm!... Man weiss ja, dass es immer das allgemeine Wahlrecht verlangt, und wenn das Ideal der Achtstundentag ist, um vier davon zu arbeiten, dann ist das Nichtstun das Ideal der Vollkommenheit, wie es uns — wenn auch nur vorübergehend — die Fastenzeit bietet.

Natürlich läuten dann die Osterglocken, aber sie läuten auch für die Toten, und wenn jemand es eilig haben will, lasst ihn nur laufen! Das Himmelreich ist nicht für diejenigen bestimmt, welche die Eitelkeit dieser Welt suchen. Wer es begreift, dass das Leben ein körperliches Fasten ist, um die geistige Vollendung zu erreichen, dem ist es gleich, ob die Glocken läuten oder schweigen. Deshalb glauben wir, dass es die Andacht ist, die am meisten zu der Ruhe beigetragen hat, die von den Einwohnern dieser Insel genossen wird.

Wie wir am Anfang gesagt haben, herrscht hier immer ein wenig Fastenzeit. Wenn man auch das ganze Jahr hindurch nicht fastet, so ist man stets gesammelt, und zur Sammlung kommt man nur mittels schwerer Übungen. Denn so wie der Mensch für das Laufen trainieren muss und heute zwei Meilen läuft und morgen vier und später zwölf, bis er nicht mehr ermüdet, so muss man auch die Langsamkeit einüben. Man sitzt zuerst vier Stunden, dann acht, schliesslich vierundzwanzig, bis man das absolute Nichtstun erreicht.

Ist man soweit, kann man sich als vollkommen bezeichnen.

Wenn die Fastenzeit länger dauern würde, könnten diese guten Inselsöhne vielleicht so weit kommen, — aber sieben Wochen sind entschieden zu wenig.

Und vielleicht ist es gut, dass sie so kurze Zeit dauert. Die Vollkommenheit ist etwas Grossartiges, aber zu spüren, dass man lebt, ist besser. Mallorca ist ein sehr schönes Land, wo man in Ruhe leben kann, — aber immerhin muss man zuerst leben.

LOB DER *ENSAIMADA*

Wir sind an dem Punkt angekommen, meine Herren, wo wir der *ensaimada* das ihr zustehende Lob spenden müssen. Täten wir es nicht, so wäre es, wie nach Rom zu gehen ohne von Sankt Peter zu sprechen, oder wie in Cardedeu die *borregos*[1] zu vergessen.

Der Ursprung der *ensaimada* verliert sich in der Dunkelheit des Mittelalters, in jener Dunkelheit, wo man bei näherem Betrachten jedesmal weniger sieht. Die Ähnlichkeit der *ensaimada* mit dem Turban bringt uns auf den Gedanken, dass vielleicht die Araber ihre Erfinder waren. Das bestätigt auch die Form einer in Spiralen aufsteigenden persischen Kuppel. Trotzdem wird sie von den Arabern auf keinem beschrifteten Fries der Schlösser und Festungen erwähnt. Das ist aber nicht zu verwundern, denn sie benutzten soviele Buchstaben und Arabesken um zu sagen, dass Allah gross sei, dass nicht einmal ein Kreuzgesims, Fries oder Hufeisenbogen übrig blieb, um vom Propheten zu sprechen. Wenn es die Ägypter gewesen wären, hätten die Dinge einen anderen Lauf genommen. Um das Brotbacken zu beschreiben, haben sie grössere Mengen Steine benutzt, als sie jemals an Brot hergestellt haben. Wenn also die *ensaimada* zufällig ägyptisch gewesen wäre, hätten die Pyramiden möglicherweise eine andere Form bekommen.

Der Ursprung, wie wir bereits gesagt haben, kann arabisch gewesen sein, aber die *ensaimadas* wurden bald

1. Typischer leichter Zwieback.

mönchisch. Sie wurden sicherlich von den Bischöfen geweiht, und — wie soviele andere Dinge der Heiden — nahmen nach der Weihe christlichen Charakter an.

Sie wurden derart christlich und von den Äbten, Pfarrern und Mönchen mit so einem guten Glauben aufgenommen, dass sie von diesem Augenblick an in allen Pfarrhäusern morgens neben der Tasse Schokolade glänzen. Sie sind die teigige Form der aufgehenden Sonne, die jeden Morgen allen ehrlichen Menschen den guten Tag und «Behüt euch Gott» bietet.

Man sieht also, dass die *ensaimada* aus maurisch christlich wurde, dann aus christlich mallorcanisch und schliesslich aus mallorcanisch zum Nahrungsmittel der gesamten Christenheit. Alle Menschen der Gegenwart, die guten Willens sind, alle Gläubigen, alle Folgsamen der Gebote, alle guten Beichtväter, alle, die ihr Geld in Zinsen anlegen, alle Missionäre, alle Geistlichen, alle Rentner, alle, die immer an ihre Eltern denken, alle die katholisch, apostolisch und römisch sind, — alle untadeligen Menschen mögen die *ensaimada.* Fast würden wir sie als eine Art Dogma bezeichnen. Vielleicht müsste sie es sein, und wir können versichern, dass sie einem, der sie versucht, recht gut schmeckt. Wenn er kein Bürger ist, könnte er einer sein, denn tief in seinen Adern fliesst bürgerliches Blut.

Brillat-Savarin sagte einst: «Sage mir, was du isst, und ich sage dir, wer du bist.» Er hatte recht. Wie kann man, wenn man trockenes Brot isst, gelassen, ruhig und zufrieden sein? Wie kann man lustig und optimistisch sein, wenn man harte Brotrinden knabbern muss? Wie kann man verhindern, dass derjenige, der mit den Zähnen arbeiten muss, bei der erstbesten Gelegenheit zu beissen anfängt? Man könnte die Menschen im allgemeinen in drei Temperamente einteilen: Solche, die ihre Tasse Schokolade in der Frühe mit hartem Gebäck einnehmen; dann andere die sie gegen Mittag mit weichem Gebäck trinken; schliesslich jene, die zu einer vernünftigen Stunde aufstehen und sie mit einer *ensaimada* geniessen (Wir möchten vorerst nicht von denjenigen sprechen, die — weil sie nicht wollen oder nicht können — keine *ensaimada* essen). Die ersten, die vom harten Gebäck, sind trockene, arbeitsame, ichsüchtige und abstossende Menschen. Sie behandeln ihre Kinder wie Soldaten und tragen einen Revolver. Wenn sie aufstehen, fluchen sie und schlagen ihre Frauen. Die zweite Sorte, die des weichen Gebäcks, sind zu süsslich, zu gezuckert. Sie tragen netzmaschige Socken, kämmen den Scheitel in der Mitte, haben ein Stöckchen aus Bachweide und lassen sich von ihren Frauen schlagen. Dagegen werden diejenigen aus der Gruppe der *ensaimada* weder hitzig noch aufgeregt. Sie sehen die Dinge, wie sie sind. Sie haben es nie eilig und kommen nie zu spät. Sie haben die Kinder, die ihnen zustehen. Sie schlagen und stehlen nicht und verspüren nicht einmal Lust dazu. Sie befinden sich derart im Gleichgewicht, dass sie weder aufstehen noch fallen. Die Liebhaber der *ensaimada* sind die Menschen der Ausgewogenheit und der Gerechtigkeit. Es wäre gut, wenn alle Richter *ensaimada* essen würden, bevor sie ihres Amtes walten. Die Geschworenen müssten vor Aufnahme ihrer Pflichten drei oder vier davon essen. In den Redaktionen aller Zeitungen müsste stets eine sichtbar sein, und man sollte ein Gesetz erlassen, um die Leute zu deren zwangsläufigem Genuss zu verpflichten.

Ja, o *ensaimada!* Du bist fast das Symbol des Friedens und der Gerechtigkeit in diesen Zeiten, da sie so schwer zu finden sind! Mit deiner erhabenen Milde beruhigst du das böse Blut, das in den Adern der Menschen fliesst. Du stillst ihre Leidenschaften und unterdrückst die schlechten Triebe. Wenn man dich mit Schokolade zusammen einnimmt, heilst du das Nervenleiden, beziehungsweise die Hetzjagd des täglichen Lebens oder die Niedergeschlagenheit derer, die glauben, nicht gelebt zu haben. Wenn du goldig, glänzend und wie ein herrliches Schmuckstück aus dem Ofen kommst, meint man, du seist ein Gestirn des Friedens. Zwar bist du ein kleines Gestirn, aber man kann von dir sagen, dass in der Kleinheit die Feinheit und Süsse verborgen ist. Wenn du ins Haus kommst, wird es durch dich gemütlicher, und kommst du an den Gaumen, so bist du wie der Geist des Mehls, der Geist der Häuslichkeit, der Familie, der Besonnenheit, der Güte ohne Mystik, des Glaubens ohne Schwärmerei, der Brühe aus Brot und Orangenblüten; ein Geist, der ruhig in seinem zufriedenen Zustand dahinlebt.

Sei gegrüsst, o Süssigkeit des Bürgers, des Ladenbesitzers, des Kurzwarenhändlers, des geistlichen Standes und der mittleren Klassen! Wenn dich die Druiden gekannt hätten, würden sie dich auf einem Druidenstein als familiäres Backopfer dargebracht haben. Die Römer hätten dich statt ihrer Ölbaumzweige verwendet. Die Zukunft wird dich zur weissen *ensaimada* des Friedens krönen. Die literarischen Bewegungen des neunzehnten Jahrhunderts werden dich als Siegelbewahrer der Ordnung und Methode betrachten. Die Kubisten werden dich in einen Würfel verwandeln. Sancho Panza hätte dich gesegnet. Der Rektor von Vallfogona [1] hätte dir einen Ablass gewährt. Alle Konservativen halten dich für eine Medizin, und dies ist die höchste Auszeichnung. Sie machen dich zu ihrem Schutzpatron!

Mallorca behüte dich und du behüte Mallorca! Erscheine jeden Morgen glänzend und weich mit der Schokolade, um uns die bösen Gedanken zu vertreiben, die wir an diesem Tage haben könnten! Befreie uns von aller Schwärmerei und von allen Versuchungen. Lass uns leben, um auf deiner Insel der Ruhe nachdenken zu können. Je länger, umso besser. Amen.

---

1. Pfarrer, volkstümliche Persönlichkeit Kataloniens.

ABSCHIED

Nun ist die Stunde gekommen, um von der Stadt Palma Abschied zu nehmen, bevor wir die Insel durchwandern. Es erwarten uns andere Schönheiten, andere Helligkeiten und andere Stunden der Ruhe.

Bevor wir fortgehen, wollen wir zum Abschied eine Runde durch die Stadt machen, um die letzten Eindrücke aufzunehmen. Der letzte Eindruck sind die weissen Staubwolken, aber da der Staub Mallorcas nicht wie anderswo ist, wollen wir versuchen, ihn zu beschreiben.

Der Staub Palmas, beziehungsweise der ganzen Insel, wird vor dem Schmutz des Kontinents durch das Meer beschützt. Er stammt aus Felsen, die von der Sonne golden geworden sind und aus den langsam zerfallenden Palästen. Er ist weiss und besitzt eine solche Reinheit, dass man meint, er bestünde aus Patina, die sich verflüchtigt und die Atmosphäre bildet.

Man wird von dieser Atmosphäre geblendet. Ein vollklingendes Weiss, so hell wie ein Licht, ein Farbton, den man auf keiner Palette finden kann. Die Wege glänzen wie Silber, am Himmel befinden sich grosse Staubwolken. Die Bäume der Landstrasse, die Mauern am Wege und die Blumen auf den Zäunen haben bereits soviel davon, dass sie nur noch Helligkeit ausströmen. Die Schatten verschwinden und man sieht nur noch Weiss und Blau, als ob der blaue Sommerhimmel eine weisse Schneelandschaft hervorheben möchte.

Wenn ein Wagen vorbeifährt, meint man, dass er nicht den Boden berührt, sondern inmitten von Nebeldunst schwimmt. Die Pferde — wie sie Tiepolo an den Decken zu malen pflegte — strecken den Kopf aus den Wolken heraus, die sie wie ein Heiligenschein umgeben. Die Erde scheint weich, wie die Haut eines Kranken.

Diese Patina kommt vor allem von den Steinen der Mauern, die Palma allmählich niederreissen lässt. Die Stadt will sich reformieren, reisst die Brücken der Eingänge nieder, füllt die Festungsgräben mit Schotter, öffnet die Tore und verdeckt die jahrhundertealten Steine, um moderne Strassen zu bauen. Palma ist wie ein schöner Teppich, voll von Palästen und Denkmälern, den man in der Sonne ausklopft. Es ist wie ein grosses Haus, dessen Rumpelkammer voller Altertümern steckt, die man aus dem Fenster wirft. Deshalb hat der Staub so etwas Heiliges an sich.

Vielleicht wäre es gut, wenn man alles Alte und Abgelagerte wegwerfen würde, aber wir fürchten, dass mit dem Alten auch das Antike verschwindet. Mit den Lumpen wirft man die Teppiche weg, mit dem alten Eisen den Schmuck und mit dem faulen Holz die tiefen Truhen und Sekretärtische. Heute die Gemälde, morgen die Möbel, einen Tag später die Waffen und Steine, alles verwandelt sich beim Ausschütteln in Staub. Der Staub wird vom Winde verweht, treibt über das Meer — und kommt nicht wieder.

Vor kurzem war es die *Rambla-Allee*, die dazu verurteilt wurde, in Kleinholz verwandelt zu werden. Man hat grossartige, gewaltige Bäume, die normalerweise einer Stadt Gepräge und Ansehen verleihen, ohne Mitleid gefällt. Die Blätter begaben sich auf die Flucht und tanzten über die Landstrassen davon. Danach kam die Reihe an ein gothisches Tor, einfach, aber voller Farbenpracht. Dann die Stadtmauern, Stein nach Stein und Brücke nach Brücke, und man kam nicht auf den Gedanken, eine einzige Silhouette davon aufzubewahren. Die Säulen der feinsten Fenster werden entfernt. Ganze Fassaden werden niedergerissen oder verkauft, um künstlich andere Länder zu besonnen, die kein Licht besitzen. Die grossen Balkone werden vermauert und die Portale mit Wänden verschlossen. Von draussen geht es nach innen: Majoliken, Statuen, Schmuckstücke, Adelsbriefe, alte Handschriften, Seekarten, alle Andenken und Illusionen, die ganze Geschichte der Vergangenheit, alles wird vom Winde Palmas verweht.

Wenn man nach dem Ausschütteln der Asche etwas Schönes an ihre Stelle setzte, so würde man zwar den Verlust der alten Dinge einen Augenblick lang bedauern, aber dann gäbe man zu, richtig gehandelt zu haben. Jedoch zeigt die Erfahrung, was diese Vegrösserungen der Städte, die nicht sehr reich sind, mit sich bringen. Die alten Gärten, die in den grossen herrschaftlichen Höfen verborgen sind, werden durch kleine Steinwege ersetzt, mit schwindsüchtigen, halbtoten Pflanzen, die nur wilde Blumen hervorbringen. Die engen Gassen werden breiter gemacht, aber man reiht sie wie Soldaten auf, wie die Viertel von Jujuy, Paraná oder Tucumán, oder wie diese idealen Städte, die aus Pappkästen zu bestehen scheinen. Die Steinpaläste werden niedergerissen und man baut Häuser im neuen allgemeinen hässlichen Stil. Sie sind so gleichförmig wie das Diktat einer Konferenz in der Esperanto-Sprache. Die Symmetrie tötet alles. Die Städte verlieren ihren Charakter, und was für die eine gilt, ist auch für die andere wichtig. Wenn die Städte alt sind, müssen sie wie die alten Leute tun; sie dürfen sich sauber bekleiden, aber nicht schmücken. Die grellen Farben auf den Runzeln sind eher eine Maske als ein Schmuck.

Es wäre gewiss traurig, wenn Palma seine Eigenart verlieren würde, wie soviele andere unglückliche Städte, die weder alt noch jung sind. Es gibt wohl wenige Städte wie Palma, die sich so gut ihrer Umgebung anpassen. Man weiss nicht, ob die Insel für die Stadt gemacht wurde oder die Stadt für die Insel. Die Häuser haben die gleiche Schattierung wie die Berge der Umgebung. Die Villen und die Anhöhen haben die Farben eines Sonnenunterganges. Das Meer hat durch seinen Widerschein den Mauern die blaue Farbe verliehen, und die Mauern haben das Meer versilbert. Der Staub hat alles modelliert, als ob ein Zauberpinsel einen Schleier darüber gezogen hätte. Palma ist eine Stadt, die auf ihre Landschaft abgestimmt ist.

Zwar weiss ich wohl, dass man uns kein Gehör schenken und die Arbeit fortsetzen wird. Der Fortschritt ist nicht aufzuhalten. Die alten Dinge müssen niedergerissen werden, um an ihrer Statt neue hinzusetzen, wenn sie auch schlechter als die alten sind. Alles Vergängliche muss getötet werden, damit es schneller sterbe. Es ist schade, dass es auf der Welt keinen ruhigen Ort gibt, der als Museum für die Denkmäler dienen könnte, wo man — wie bei einem Reliquienschrein — sehen würde, wie sie alt werden.

Man sagt mir, dass, wenn es diesen Ort gäbe, nur Dichter darin wohnen würden. Ja, warum nicht? Gibt es nicht genügend Städte voller Lärm und schrillen

Geräuschen, dass man wenigstens eine Stadt aus Elfenbein stehen lassen könnte, für jene, die nichts vom Lärm, vom Geschrei, von der Zivilisation, von hässlichen Häusern, entarteten Strassen und amerikanischen schachspielartigen Anlagen wissen wollen? Haben die Träumer kein Recht auf einen Ort, wo sie träumen können? Wenn die Museen zur Aufbewahrung der Überreste vergangener Zeiten dienen, könnte es nicht eine Stadt geben, die selber Museum wäre?

Wir wissen zwar, dass dies alles lediglich Hirngespinste sind. Aber, wenn wir uns von Palma entfernen und sehen, wie die Denkmäler sich mit einer Patina von Goldfunken bedecken, wie die Glockentürme vom Altertum überfliessen und die Stadt von einem Silberstaub umgeben ist, so denken wir: «Es könnte diese sein.»

Aber wenn es jetzt auch so scheint, sie wird es trotzdem nicht. Dieser Wurm, den man Fortschritt nennt, nagt in den Strassen Palmas. Was jetzt ehrwürdiger Staub ist, wird in Ziegelsteine oder Portland-Zement verwandelt werden.

Wahrlich verdient so eine liebwerte Stadt ein besseres Schicksal.

BLÜTEZEIT

Wenn du dich im Februar oder im Frühling ins Innere begibst, wirst du sehen, wie die Insel plötzlich erblüht und sich in einen Blumenstrauss verwandelt.

Wenn man uns von den anderen Gestirnen aus sehen könnte, so würden die Astronomen des Himmels sagen: «Man sieht wieder den weissen Punkt auf der Erde.» Dieser weisse Punkt ist Mallorca.

Es sind die blühenden Mandelbäume. Ausgedehnte Ebenen, Hügelketten, Täler, Tiefen und Anhöhen sind mit einem weissen Mantel davon bedeckt. In Reihen, Gruppen oder in grossen Massen bilden sie einen Teppich über die Insel und heben sie aus dem Meer hervor wie einen grossen Blumenkorb, der sich aus dem Blau der Wellen erhebt.

Diese blühenden Bäume haben im Ganzen den gleichen Farbton, aber wenn man sie einzeln betrachtet, sind sie wie unendliche Stufen oder Schattierungen einer einzigen Farbe. Vom Hellgelb bis zum tiefsten Rosa finden wir die gesamte Farbenskala der Rosenfarbe: Liliengelb, das Gelbweisse der Perlmutter, das Weissblau der Perle, der spanische Jasmin, das Rosaviolett. Vom bleichen Ton der Magnolien bis fast zur Röte der rosafarbenen Nelke fehlt keine einzige Tönung. Ein Musiker würde es als eine rosafarbene Sonate bezeichnen. Wir selber finden keine geeigneten Worte. Das Sehvermögen vermag nicht zu sprechen. Man betrachtet und bewundert, schaut das Weiss und wird davon trunken. Je mehr man sieht, umso mehr will man schauen.

Wer die Mandelbäume der Mandeln wegen pflanzt, hat keine Ahnung, dass für die Ernte der Augen die Mandeln selbst keine Bedeutung haben. Es gibt Früchte, die unglücklich sind, denn sie reifen ohne zu blühen, sie werden zur Frucht wie jene Armen, die keine Jugend gehabt haben, — aber es sind keine Inselfrüchte. Hier wird der Baum, der nicht blüht, als Brennholz benutzt und man betrachtet ihn als Arbeiter und Lastenträger. Ein Baum, der auf Mallorca leben will, muss Schönheit und Rang besitzen und der Mandelbaum ist der edelste von allen.

Der Mandelbaum ist sich seiner selbst so sehr bewusst, dass er auf die Erde gekommen ist, um zu blühen, — dass er die Blätter erst dann hervorspriessen lässt, wenn die Blumen abgefallen sind. Sie wollen allein und als erste blühen, wie eine weisse Fahne, die den Frühling ankündigt, wie die Taube der Arche und die Hochzeitsblume des Jahres. In den Jahren, wo die Mandelbäume gefrieren, fängt der Herbst im Sommer an und die Blätter fallen grün von den Bäumen: sie haben keine Zeit zum Trocknen gehabt.

Stellt euch vor, wie neidisch die Länder sein würden, die das Weiss nur durch den Schnee, das Eis und den Gletscher kennen, wenn sie diese Blumensträusse betrachten könnten! Was haben sie von ihrem Reichtum, wenn sie ihn im Dunkeln ansehen müssen? Was haben sie davon, dass die Erde ertragreich ist, wenn sie nur Körner hervorbringt? Was bedeutet ihnen der Landbesitz, wenn sie ihn nur durch dunkle Brillen ansehen können? Wer das Leben nicht nach blühenden Monaten zählen kann, ist alt geboren. Daher ist das Blühen der Mandelbäume die Jugend der Insel.

Das Blühen ist keine Mühe, es ist das Atmen der Insel. Das Herz fliesst ihr über und das Leben kommt befruchtend aus allen Zweigen. Sie gebärt schmerzlos die Schönheit, und da die Sonne sie zur Mutter macht und das Meer Gevatter steht, kommen die Kinder in weissgoldener Farbe auf die Welt und in solchen Mengen, dass die Erde singt.

Dann fallen die Blumen auf das grünende Gras und da es keine Blüten hervorbringt, macht es sich die der Mandelbäume zu eigen. Selbst die blosse Erde wird in einen Teppich verwandelt. Die Felder sehen aus wie verschneit, aber dieser Schnee ist lau, er lebt und atmet und hält die Erde warm, damit der Frühling geboren werden kann.

Wenn Mallorca nichts anderes hätte, wäre es durch die Blütezeit allein schon wert, dort zu verweilen. Weder die Sonnenuntergänge auf dem Rigi noch die nächtliche Sonne in Norwegen und nicht einmal die Wasserfälle des Niagara sind mit einer Insel zu vergleichen, die sich in eine weisse Rose verwandelt. Dies ist eine Geburt, jenes ein Fallen und Sterben. Dies ist die Jugend, jenes das Alter. Welche Jugend, mein Gott! Die Jugend eines Stückchens Erde, das alles Schöne aus sich herauszaubert, um es den Menschen darzubringen. Die Jugend der Natur und die Seele der Erde.

Dies alles, o freigebiger Himmel, sieht man unentgeltlich, wenn man nur die Landstrasse entlang geht! Reiche und Arme zugleich geniessen den Anblick und es genügt, Augen und Lust zum Schauen zu haben, um sich daran zu erfreuen. Das beweist wieder einmal, dass man auf dieser Welt auf Dornen stösst, weil man sie nicht zu entfernen weiss, und man sieht keine Schönheit, weil man sie dort nicht sucht, wo sie sich befindet.

Ohne einen einzigen Mandelbaum zu besitzen kann man Berge und Täler davon sehen, die für dich beim Vorbeigehen blühen. Sie füllen dein Herz mit Freude, blenden dich mit ihrer weissen Farbe und schenken deiner Seele das Höchstmass an Schönheit.

Lasst uns die Inseln der Ruhe segnen, denn sie blühen zur Freude der Menschheit!

DER WEG NACH VALLDEMOSA

Zwischen den blühenden Bäumen geht es auf einer weissen Landstrasse nach Valldemosa.

Es ist fast Mittag und das Licht fällt in dichten Strahlen herab.

Die Zikaden ruhen. Die Erde schläft. Ein laues Lüftchen zieht vom Meer herauf und der halbschläfrige Kutscher bittet die Pferde, vorwärts zu gehen.

Die hiesigen Kutscher fluchen und schreien nicht. Auch schlagen sie die Tiere nicht, sondern sie sprechen mit ihnen.

«*Ari,* sag ich dir» sagt er in aller Ruhe.

«*Ari,* hab ich dir gesagt» wenn er merkt, dass das Tier es nicht gehört hat.

«Muss ich es dir wiederholen?... Hast du nicht gehört, dass ich dir *ari* gesagt habe?... Bist du müde?... Willst du nicht gehen?... Geh vorwärts! Lauf!»

Und wenn es sich noch nicht bewegt, wird es gebeten. Es bekommt gute Ratschläge und man verspricht ihm gutes Futter, wenn es den Stall erreicht. Wenn die Pferde immer noch nicht aufmerksam werden, lässt es der Kutscher bleiben und schlummert wieder ein.

Im Schlafe geht es weiter und langsam wird der Weg zurückgelegt.

Ab und zu fährt ein anderer Wagen feierlich im Schritt vorbei. Man sieht, wie ein Arm unter dem Segeltuch hervorkommt und wie sich die Zügel bewegen, um die Tiere aus dem Weg des anderen Wagens zu lenken, — aber die Pferde haben es bereits von sich aus getan. Etwas weiter begegnen wir einem kleinen Wägelchen, so klein und so voll, dass es einem Wunder nimmt, dass es nicht überläuft; aber die Leute, die sich darin befinden, halten sich alle angefasst wie eine Traube. Alle grüssen.

«*Bon dia tenga.*»

Man fährt an Gärten und Bauernhäusern vorbei, die Sonne wirft unentwegt ihre Strahlen nieder, und sobald die Ebene aufhört, finden wir die ersten Ölbäume.

Die Ölbäume Mallorcas sind nicht wie anderorts. Im allgemeinen ist der Ölbaum ein natürliches Gewächs mit der Aufgabe, Oliven hervorzubringen, was er ohne grossen Müheaufwand vollbringt. Aber den hiesigen Ölbäumen fällt das Wachsen so schwer und sie quälen sich derartig, Früchte hervorzubringen, dass man meint, sie wüssten nicht, dass sie sich auf einer Insel befinden. Stellt euch vor, ihre Stämme sind so gewunden und gekrümmt, dass ein Abonnent der Zeitung *Das Echo der Berge* sogleich sagt:

«Welch grossartige Zeichnungen hätte Gustav Doré gemacht, wenn er sie gesehen hätte!»

Und ein anderer antwortet:

«Wenn man sie malen würde, gäbe es niemand, der es glauben könnte.»

Und ein Dritter fügt hinzu:

«Diese Bäume sind so viele Jahre alt, dass ihr Ursprung sich in den Zeiten und in der Dunkelheit der Jahrhunderte verliert!»

Es gibt Baumstämme, die sich wie Schlangen in den Schwanz beissen, wie nackte Frauen, die sich wie Eidechsen krümmen. Andere winden sich nicht, denn sie haben sich bereits zurückgedreht. Man sieht Ungeheuer mit Armen oder Ungeheuer mit den Eingeweiden im Freien oder mit dem Herz auf den Gedärmen, — es scheint unwirklich, dass die Ölbaume sich so quälen müssen, wenn sie wachsen wollen. Sie machen es wie gewisse Dichter, die nach einem Leben des Sich-Krümmens und Abquälens nur ein Sonett oder einen Zehnzeiler mit zehn Oliven gebären.

Man bezeichnet diese Bäume als phantastisch, denn jeder Baum, — wie jeder Mensch — der seine Früchte unter Phantasien hervorbringt, verdient diesen Namen. Wenn sie auch das Hervorbringen der Früchte so tragisch nehmen, haben sie andererseits Gebärden von grosser Schönheit.

Als Beweis dafür dienen die Johannisbrotbäume, die wir etwas weiter antreffen. Wenn sie die Ölbäume nachahmen wollten, würden sie beim Sich-Krümmen keine tragischen Bewegungen machen, sondern Purzelbäume schlagen, denn die grossartigen Bewegungen liegen ihnen nicht. Bäume und Menschen bringen ihren Charakter von Geburt aus mit. Der tragische Baum bringt Oliven und der gemeine Baum Johannisbrot hervor.

Aber die Landstrasse zieht sich dahin und der Wagen auf ihr entlang. Wir begegnen einem Radfahrer, so weiss, dass man meint, er hätte sich im Staub herumgewälzt. Eine *allota* treibt zwei Schweinchen an, unter grossen Protestschreien der beiden Tierchen. Sie sind von Kopf bis Fuss so verstaubt, dass sie wie Ludwig-der-Vierzehnte-Schweinchen aussehen. Man erreicht eine Wirtschaft, wo man Wasser trinkt (hier auf der schönen Insel Mallorca benutzt man das Wasser noch zum Trinken). Man kommt an einer kleinen Kirche vorbei, umrahmt von weissen Feigenkaktussen wie Tennisschläger, — und zwischen zwei steilen Abhängen kommt man in die Schlucht von Valldemosa.

Vor vielen Jahren hielten in dieser Schlucht einige maskierte Männer, die so etwas wie Feuerwaffen mit sich führten, eine Postkutsche an und zwangen die Reisenden ihr Geld abzugeben. Aber das ist das einzige Mal, dass so etwas auf der guten und ruhigen Insel Mallorca passiert ist. Ausserdem waren die Maskierten keine Einwohner Mallorcas und wir wissen mit Sicherheit von ihnen — denn wir kennen sie — dass sie sich von den Raubzügen zurückgezogen haben, um sich dem Privatleben zu widmen.

Auf der einen Seite der Landstrasse befindet sich ein Wasserfall mit Wasser und allem Zubehör, dessen Plätschern wie ein Gesang erklingt. Man kann sich darin spiegeln und er bewässert die Gärten in der Nähe. Entweder duftet das Wasser oder es bekommt den Duft aus der Umgebung und macht aus jedem Feld einen Blumenstrauss. Man kann kein Feld mit grösserer Einfachheit und Poesie in einen Garten verwandeln.

Das Tal, das wir jetzt sehen, ist ein Garten..., aber da er nicht von Gärtnern bestellt ist, hat er die Frische des Unerwarteten und die Ordnung des Landwirtschaftlichen, so dass das Herz bei seiner Betrachtung ausruht. Die Berge hat man in Terrassen verwandelt mit so vollkommen gearbeiteten Mauern, dass man sie für den Parthenon oder einen Vesta-Tempel verwenden könnte. Aber wenn man es richtig betrachtet, ist das, was sie tragen, soviel wie irgendein Tempel wert: Apfelsinen, Pampelmusen oder Stickereien aus Goldkugeln; Apfelbäume mit müden Armen, weil sie soviel Früchte tragen müssen; Reben am Rande der Steine; grosse Traubenstöcke, die bis zum Dach emporragen, sich um die Bäume winden und sich mit den Trauben dem Vorübergehenden wie grosse Tropfen darbieten. Wenn Horaz Zeit gehabt hätte, bis zu diesem Tal zu gelangen, hätte er Wurzeln gefasst und seine Oden in der gleichen Weise hervorgebracht wie die Bäume Früchte bringen.

Es geht bergaufwärts und hoch droben sieht man einen von grünlichem Majolika bedeckten Kirchturm über einem grossen Gebäude, und etwas tiefer befinden sich einige Häuschen. Dieses Dorf ist Valldemosa.

Aber es liegt höher und man muss hinauf.

An den Kurven der Landstrasse befinden sich noch mehr Ölbäume, die sich in den Grund winden. Wenn es anfängt, Dunkel zu werden, umso besser; denn dann kommt der Mond so rund und gross heraus, dass man meint, er sei eine andere feurige Insel.

Mögen die Gelehrten sagen, was sie wollen, auf Mallorca kommt der Mond öfters als abgemacht heraus oder er hält sich länger auf als auf dem Kalender geschrieben steht. Voll oder nicht, er ist immer da! Er kann es nicht bleiben lassen. Vielleicht hat er Heimweh, und wenn er irgendeine Nacht nicht dort ist, so meint man, dass man sich auf einer anderen Insel befindet.

Wenn wir schliesslich am Gipfel ankommen, ist der Hügel von Valldemosa mit gelbem Mondlicht bedeckt. Man vermutet, dass sich dort ein Dorf befindet. Ein Licht am Gasthaus, eine schwarze Wand und keine einzige Stimme, kein Glockenschlag. Dorfruhe... aber auf Mallorca. Aus der Tiefe des Tales erhebt sich der Duft Mallorcas, der Erde und der Orangenblüten.

VALLDEMOSA

Das Gasthauszimmer, worin wir schlafen, ist klein und sauber und befindet sich unter dem Dach. Die üblichen Heiligenbilder hängen an den vorgeschriebenen Wänden. Das Waschbecken ist so winzig, dass man eine Hand nach der anderen waschen muss, denn beide zusammen haben darin keinen Platz. Ferner befindet sich eine Kommode mit Schubfächern in diesem Zimmer, das ein so kleines Fenster hat, dass man nur den Oberkörper hinauslehnen kann.

Wenn auch das Fenster klein ist, so ist andererseits die Helle auf dieser Insel so gross, dass ein Spalt genügt, um in das Zimmer gewaltige Lichtmengen hereinzulassen, die es erfreuen und von den Mücken als Landstrasse benutzt werden. Da es aber nun keine Fenster ohne Ritzen gibt, dringt die Helligkeit bis an das Bett, und die Fliegen wollen auch hier nicht zurückbleiben. Das beste, was man also tun kann, um Auseinandersetzungen zu vermeiden, ist aufzustehen.

Wir gehen hinaus und finden das Dorf wie ein Morgenlied. Welche Freude für die Augen! Wendet man sich nach rechts oder nach links, sieht man enge und kleine Gässchen, die nach Lust in dieser heiligen Freiheit auf- und absteigen, so ganz nach Dorfgassenart. Gott behüte sie und bewahre sie vor dem städtischen Bauamt und seiner Symmetrie!

Die städtischen Vorschriften werden von den Dorfbewohnern in ihren Nestern verfasst! Die Strohhalme, die sie dorthin tragen und die man sieht, sind alle sauber: Vier Stühle, ein Tisch und zwei Blumentöpfe. Wenn man daran vorbeigeht, bemerkt man den Duft frischer Wäsche, die Stühle sind einfach, der Tisch gut zurechtgemacht, alles ist so heimisch und gemütlich, — wenn die Häuser Menschen wären, so könnte man sie als jungfräuliche Häuser bezeichnen. Jedes einzelne hätte als das Geburtshaus der heiligen Katharina gelten können.

Dies ist das erste, was man im Dörfchen Valldemosa sieht, denn man kann es von der Strasse aus beobachten, wenn sie auch die Türen mit einer Art Netz bedeckt haben, um die Wohnungen heimischer und abgeschlossener zu machen, oder damit die Mücken nicht eindringen.

Was man sonst noch sehen kann, ist... dass man niemand sieht. Vermutlich arbeiten sie drinnen in den Häusern. Welche ruhige, heimliche und geräuschlose Arbeit, wenn man sie mit anderen Dörfern vergleicht, wo alle schlagen und hämmern, damit man wisse, dass sie arbeiten! Wenn es nicht jener Amboss wäre, den man in allen Dörfern hört, würde man keinen Laut vernehmen. Man weiss aber nicht, ob der Amboss zum Schmieden geschlagen wird — oder weil sie sich das Glockenläuten ersparen wollen. Wir haben soviel Predigten zum Lob und zur Rechtfertigung der sogenannten Söhne der Arbeit gehört, dass wir ihre Bescheidenheit bewundern und nun aufs Geratewohl weitergehen.

Auf dem Wege finden wir wie immer jenen Schwarm kleiner Kinder, die herauskommen, um im Sand zu spielen. Sie sind so dreckig und haben eine so schöne rote Farbe, dass man meint, der Schlamm sei ihr Nahrungsmittel. An jeder Türe befinden sich einige von ihnen, und man weiss nicht genau, ob sie laufen oder fallen lernen ohne sich wehzutun. Sie kriechen am Boden herum von einem Haus zum anderen, und wenn sich ein Haufen zusammenfindet, lachen sie zuerst, dann schlagen sie sich, dann weinen sie, weil sie sich geschlagen haben, und dann lachen sie, um das ganze Spiel zu wiederholen. Ab und zu kommt eine Mutter heraus, putzt ihrem Kind die Nase und geht wieder hinein. Andere wechseln ihnen das Hemd, denn sie tragen nichts anderes, was man ihnen wechseln könnte, denn alles Übrige ist blosse Haut. Sie wird durch das viele Herumkriechen sauber und geschmeidig. Schliesslich kommt ein Wagen voller Garben, so breit und voll beladen, dass er kaum durch die Gasse geht. Die Kinder fliehen vor dem Wagen und wenn sie ein Loch oder eine Vertiefung gefunden haben, verstecken sie sich darin und spielen den ganzen Nachmittag dort weiter.

Wir gehen weiter hinunter und erreichen schliesslich die Felder. Wir nennen sie so, aber es sind weder Felder noch Gärten. Man muss sich ein Amphitheater vorstellen, wo jeder Sitzplatz ein Gärtchen voller harmonischer Dinge ist. Etwas weiter oben, wo die Damen sitzen würden, sehen wir eine herrschaftliche Villa und dahinter eine Reihe Zypressen, und ganz oben, wo das Volk sitzen würde, sieht man Berge mit steilen Abhängen, damit die Blumen, das Gemüse, die Pflanzen und die Obstgärten vor dem Wind geschützt seien. Diese Gärtchen oder Terrassen werden mit soviel Liebe gepflegt und zurechtgemacht, dass sie eher die Arbeit von ordentlichen Hausfrauen als die von Männern zu sein scheinen, die zum Wochenende alles sauber gemacht haben. Fast möchten wir sagen, dass sie sogar die Tomatenstöcke abstauben. Man sieht kein trockenes Blatt auf dem Boden liegen. Das Obst ist sauber, wie frisch aus dem Kasten genommen. Wenn das Wasser die Pflanzen berieselt hat, bleibt es immer noch klar. Man würde sagen, dass von oben bis unten die Obstbäume, die Blumen und Pflanzen miteinander reimen. Wenn dies keine Verse sind, haben wir von der Dichtkunst keine Ahnung. Hirtengedichte oder was es auch sei: wenn die Bauern anfangen, mit der Landschaft zu dichten, dann haben sie keine Rhetorik nötig.

Ich glaube nicht, dass es irgendwo so ein geschütztes Tal gibt wie hier in Valldemosa, wo auf kleiner Fläche die Erde so freigiebig ist und soviel Menschen ernährt und wo die verschiedenen Gewächse besser miteinander auskommen. Zu jedem Häuschen, das wir oben gesehen haben, gehört ein Stück Garten, und so braucht keiner Not zu leiden. Diese wenigen Zoll Erdboden bringen die Suppentöpfe in allen Küchen zum Kochen und jede *allota* kann sich eine Blume pflücken und sie in ihren Zopf stecken, wenn die Zeit der Liebeslieder kommt. Diese Verse haben so eine Kraft in sich, dass sie gewiss nicht nur aus Illusionen geschmiedet sind. «Feld was willst du, Herz was begehrst du». Wenn man ein Stückchen von diesem Amphitheater besitzt, so hat man einen Sitz im Schauspiel des Lebens. Es ist wie der Sitz, den soviele Redner ihren armen Zuhörern in den Vorlesungen anbieten, aber hier haben wir Erde statt Redekunst.

Über die Gärten hinaus erheben sich die Berge, damit es in Valldemosa an nichts fehle. Sie dienen zum

Weiden der Viehherden und auch als Felder. Sie sind nicht so hoch wie die der Schweiz, die eigentlich nur des Fremdenverkehrs wegen da sind, und auch nicht so niedrig, dass man stolpert, wenn man auf sie tritt. Es sind ansehnliche Berge, und für die Insel wie nach Mass geschaffen.

Auf einem Hügel, der sich weiter hinten im Anschluss an die sonnigen Stufen des Amphitheaters befindet, kann man das ganze Dorf überblicken. Die Häuser sind wie der Rock oder die Schürze einer Riesin. Wenn man von einer Strasse zur anderen gehen will, braucht man keine von den widerlichen Zeichnungen, die man Pläne oder Karten nennt, auch nicht jene Wesen, die sich als Führer bezeichnen, und nicht die Drähte, die man als Telephondrähte kennt. Mit dem Ruf: «bring mir einen Kohlkopf» oder «pass auf das Kind auf» oder «zünde das Feuer an» verständigt sich das Dorf durch Worte. Selbst heutzutage ist das Wort noch das beste Verständigungsmittel.

Natürlich hat dieses kleine Dörfchen Valldemosa, so winzig es auch ist, einen Bürgermeister, einen Schreiber und einen Gemeinderat. Sie passen auf, dass die Arbeiter die vom Staate angeordneten Steuern auch wirklich bezahlen, und dass bei den Wahlen der von der Regierung vorgeschriebene Kandidat gewählt wird. Es gibt dort auch einen Pfarrer, damit er predige und Ratschläge fürs gute Leben gebe. Dann einen Arzt, der ihnen keine Rezepte schreibt und ihnen hilft, richtig zu sterben. Natürlich gibt es auch eine *pareja* [1] zum Aufpassen, dass die Kinder in die Schule gehen und nicht fallen, und

1. Volkstümliche Bezeichnung einer Zweimannschaft der *Guardia Civil* (Gendarmen).

damit die Erwachsenen tun können, was sie wollen. Ferner einen Dorfladen, wo man ausser dem teuren Papier mit dem Regierungsstempel Tabak und Briefmarken kaufen kann. Schliesslich noch einen Laden mit Luxusartikeln, wo man sogar *espardenyes* [1] angeboten bekommt. Aber die Hauptdarsteller, das Herz und die Seele, sind die Gärtchen im Tal, jene poetischen Kästchen voller Gemüse, Blumen und Leben. Wenn sie nicht das Füllhorn sind, dann wenigstens die Truhen des «Gott gebe uns genug». Ein kleines Dorf wie dieses, das für jedermann ein Gärtchen und einen kleinen Friedhof hat, braucht sich über das Leben nicht zu beklagen.

Auf dem Friedhof waren wir nicht, denn wir hatten dort nichts zu schaffen; aber vom Dorf möchten wir uns nicht trennen. Es hat alles, was wir gesagt haben, — es hat das, was man nicht sieht, — viele Dinge, die wir sagen würden ,wenn wir wüssten, wie man sie sagt — und Dinge, die wir in den anderen Kapiteln sagen werden und die du, wenn du geduldig bist, — vernehmen wirst.

1. Sandalen aus Spartogras.

DAS KARTHÄUSERKLOSTER

Ein Dorf mit Bäumen, Wasser, Obstgärten und mit friedlichen, schweigsamen Menschen muss notgedrungen auch sein Karthäuserkloster haben.

Neben der Frömmigkeit, der Erfüllung ihrer Pflichten und des Betens waren die Mönche heilige Herren, die nichts unterliessen, um die Güter der Erde zur grösseren Ehre der Kirche und des Ordens zu erwerben. In einfachen Worten: Sie hielten ihre Augen offen. Sie wussten, dass wir nichts wert sind und trachteten danach, dies zu verbessern. Sie waren sich bewusst, dass es sehr gefährlich ist und dass man sich Versuchungen aussetzt, wenn man zuviel Reichtümer besitzt, und so opferten sie sich auf, um sie zur Stärkung und zum Wohle der Nächstenliebe zu bewahren, denn, je mehr Ländereien sie hatten, umso mehr Gnaden konnten sie spenden. Sie bewahrten sie, damit sie den ganzen Tag beten konnten, was zum Reichtum des Geistes beiträgt, und die Asche, aus der wir gebildet sind, verlor auch nichts dabei.

Die Geschichte berichtet uns: Als der Abt der Karthäuser von diesem Tal erfuhr, dass es geeignet schien, ein Kloster mit allen damaligen Errungenschaften zu bauen, bat er den König Don Martí — ein frommer König und guter Mensch, von dem nach so vielen Jahrhunderten weder Gutes noch Schlechtes berichtet wird — er möchte ihm erlauben, einige Mönche des Karthäuserklosters von Vallbona dorthin zu senden.

Die Mönche waren begeistert. Man hätte keinen besseren Platz für ein Kloster finden können. Frische Luft, klares Wasser, gutes Obst, das Meer zum Fischen und der Wald zum Jagen, und in genügender Höhe, um nur halblaut beten zu müssen. Man bekam den Eindruck, dass die Vorsehung hier alles zusammengestellt hatte, um den Aufenthalt angenehm zu machen. Sie sagten also zu, da es gerade das Richtige für ihr Seelenheil sei. Sie fanden das alte Schloss von Valldemosa in gutem Zustand vor, um als Kloster benutzt zu werden. So wurde es ihnen gewährt, zusammen mit den umliegenden Obstgärten, denn ein Palast ohne Obstgarten ist wie ein Dorf ohne Häuser. Zur Grundsteinlegung kam es nicht, denn es waren bereits soviele Steine vorhanden, dass einer mehr ganz überflüssig gewesen wäre.

Herbei kamen Maurer und Handlanger und ans Werk ging's! Es ist allen, die sie gesehen haben bekannt, welche Werke die Mönche vollbringen. Hier Zellen, dort die Kirche, in der Nähe der Klosterkreuzgang und das Refektorium. Wie man heute noch sehen kann, gingen sie mit den Steinen nicht sparsam um. Im Laufe von drei oder vier Jahrhunderten fügten sie immer noch Steine hinzu und mit den Steinen kamen die Schenkungen und mit den Schenkungen noch mehr Steine. Aber nicht jeder kennt jene kleine Ballade, die so lautet:

«Am Tage Sankt Jakobus
Des Jahres Fünfundreissig
Gab es grossen Lärm
In der Stierkampfarena.
Sechs Stiere kamen heraus
Die zum Fest nicht taugten.
Darauf setzte das Volk voll Wut
die Klöster in Flammen.»

Wenn die Stiere gut gewesen wären, stünde heute nur noch die Hälfte von Valldemosa, denn aus den Steinen der Terrassen, und den Steinbrüchen der umliegenden Berge hätte man Zellen gebaut, und heute wäre dieses Tal wie eine grosse Galerie mit einem Mönch auf jeder Terrasse, der für sie betete und für niemand mehr, denn alle wären Mönche geworden.

Aufgrund des Stierkampfes wurde also das Erblehen des Klosters aufgelöst, was soviel heissen will, dass es von weltlichen Mönchen gekauft wurde. Die Zellen, die zum Beten und zum Büssen bestimmt waren, wurden dazu verwendet, die frische Luft zu geniessen, und damit die Ungläubigen, die sie kauften, dort ihr Mittagsschläfchen halten konnten.

Was heute noch davon übrig bleibt, ist Barock und pompös. Die Kirche besitzt die Kälte der Tempel des achzehnten Jahrhunderts: Mahagoni, Marmor und Stuck, mit Holz, das Steine nachahmen will, und Steine, die wie Erz scheinen wollen. Auf den Altären befinden sich Heiligenstatuen, die ihren Glauben in feierlichen Haltungen und zierhaften Posen darstellen. Die Klosterkreuzgänge haben trotz ihrer Eleganz jenes Weiss eines möbellosen Saales, dass man keine Lust zum Verweilen verspürt. Die Zellen sind geräumig und traurig, aber alles zussammen besitzt eine Grösse, einen Ton majestätischer Kälte und macht so einen herrschaftlichen Eindruck, dass es dem Besucher Respekt einflösst. Man nimmt unwillkürlich den Hut ab, man fühlt den Adel, die Höflichkeit, und wenn jemand dort wäre, würde man andauernd Verbeugungen machen.

Aber wenn wir auch hinzufügen müssen, dass der Ort nüchtern erscheint, so ist das, was man von den

Galerien aus sieht, das fröhlichste der Insel und man kann sicher sein, dass, wenn jemand hierher käme und sich während des Betens nicht zerstreuen würde, dieser gewiss zum Mönch geboren wäre. Neben dem schönen Amphitheater, das wir bereits beschrieben haben, sieht man andere stufenweise verstreut. Sie reichen bis zum engen Eingang des Tales. Dahinter erblickt man die grosse Ebene mit den Häusern Palmas, das Meer und etwas wie ein Wölkchen auf dem Wasser. Es ist Cabrera, die verlassene Insel. Wenn man diese Landschaft im Frühling betrachtet, sind alle Bäume mit Blüten bedeckt und im Sommer ist alles grün. Die Mönche lebten in ihren Zellen — selbst wenn sie geräumig waren, handelte es sich trotzdem nur um Zellen — aber über die Aussicht konnten sie sich nicht beklagen. Vielleicht lebten sie in Zurückgezogenheit, um von dort aus die Weite besser geniessen zu können. Je kleiner die Stelle war, von der sie Ausschau hielten, umso grösser schien ihnen der Anblick der Ferne.

Die Leute, die in den Sommermonaten hierher kommen (Enkel derer, die das Erblehen auflösten), haben zwar den Glauben nicht geerbt, aber die Ruhe. Wie in einem Badekurhaus, wo es keine Bäder gibt, so ruhen sie hier aus, als ob sie den gewöhnlichen Vergnügungen des Lebens nachgehen möchten. Sie gehen hinaus, gehen spazieren, wandern durch die Klosterkreuzgänge. Und da sie nicht genügend beten, langweilen sie sich. Sie kommen, um die frische Luft zu geniessen, aber wenn sie sie genossen haben, finden sie es nicht mehr angenehm. So kommt es, dass die Sommergäste das Landleben eintönig finden, sobald sie mittendrin sind. Man sieht sie unter den Bäumen mit einem Buch in der Hand, aber ohne Lust zu lesen, als ob sie zum Spazierengehen geschrieben worden seien, oder sie warten darauf, dass das Wetter frischer wird, um dann nach erfüllter Pflicht wieder nach Hause zurückzukehren.

Das kommt daher, weil jeder, der in einem Kloster leben will — so aufgelöst das Erblehen auch sein mag — ein Mönch sein muss... wenigstens ein weltlicher Einsiedler. Man ist von den Erinnerungen und der Vergangenheit umgeben, die Wände flössen Achtung ein, und die Gedanken haben dort eine Macht, dass nicht jeder fürs Klosterleben geeignet ist, selbst wenn das Kloster keine Türen mehr hätte. Die Erinnerung hinterlässt eine Art Bodensatz, der nicht geeignet ist, um dort den Sommer zu verbringen. Dieser Bodensatz enthält weder Soda noch Schwefel, aber die Überlieferung wirkt störend. Den Mönchen war es recht und gut. Sie waren hier zu Hause, und dem guten König Martí, der weder etwas tat noch verhinderte, ist es zu verdanken, dass sie das Gebäude nach ihrem Geschmack aufbauten. Aber auf dem Mieter liegt die Vergangenheit wie eine Last. Er hat das Gefühl, ebenfalls auf die Auflösung des Erblehens zu warten, auf dass man ihn dann hinausbefördere.

Es ist nun klar, dass Valldemosa nur für die Bauern und die Maler bestimmt ist, und nicht für Mönche und Stadtmenschen. Für die Bauern, weil sie vom Land leben müssen und für Maler weil sie leben, um es zu malen.

«GEORGE SAND»

Im Winter 1838-1839 fand in diesem Karthäuserkloster von Valldemosa ein Ereignis statt, von dem man sagen kann, dass es die «historische Tat» ist, dessen Widerhall in den Steinen dieses ehrwürdigen Gebäudes das grösste Aufsehen erregt hat.

Das war die Ankunft von Madame Dudevant mit *ihrem Kranken,* und wenn wir lediglich sagen, dass er Chopin war und sie George Sand, so wird man gleich die ganze Bedeutung der Angelegenheit erfassen.

Von Palma kamen sie unzufrieden an, wo sie aufgrund gewisser Vorkommnisse — die eine lange Erklärung heischen würden — viele Unannehmlichkeiten hatten ertragen müssen. Sie waren noch nicht akklimatisiert und fanden in diesen fast noch lauwarmen Zellen der Mönche Unterkunft.

Er, Chopin, erfreute sich keiner guten Gesundheit. Er hatte den Kopf voller Phantasien, das Herz voller Liebe, und ein Klavier. Sie brachte ausser ihm ein Herz mit, das von ihrer letzten Liebesaffäre mit dem *anderen* nur halb geheilt war, ihr Gehirn war voll Deskriptivimus (nach der Art Chateaubriands), und ihre Gedanken voll von jenem Naturalismus, den Rousseau mit Hilfe der Romantiker verbreitet hatte.

Natürlich wussten die natürlichen Menschen nichts von diesem Naturalismus, sondern nur diejenigen, die von der Zivilisation und vom Luxus müde geworden waren. So auch die Träumer eines patriarchalischen Lebens, die den Wunsch hegten, dass alle Leute Hirten sein müssten und ihre Herden hüten sollten — mit der gleichzeitigen Erklärung der Menschenrechte — und sie wünschten, dass diese Hirten in einer Landschaft leben sollten mit feudalen Schlössern und uralten Eichen wo die Flüsse unaufhörlich rauschen müssten.

Als das hehre Paar ankam, fand es die Dinge nicht so vor wie die Bücher vorschrieben. Selbstverständlich fanden sie eine Landschaft vor, vielleicht schöner und besser als in den Büchern geschrieben steht. Doch die geordneten und sauberen Gärten voller Bäume, die sogar Obst trugen und ihre Zweige nicht wie «aufgelöste Haare im Winde schweifen liessen», waren keine Landschaft, die dem Geschmack des Romantizismus jener Tage entsprach. Wenn sie auch gut für die Gesundheit *ihres Kranken* waren, so genügten sie ihren feudalen Wünschen nicht, und hier fing die Enttäuschung an, die in einem Buch ihren Niederschlag fand.

Dann waren die Bauern Valldemosas keine Hirten, die der Literatur wegen für eine aufrührerische Epoche geeignet sein konnten. Sie waren keineswegs aufrührerisch! George Sand hätte gemocht, dass die Eingeborenen primitiv und «ursprünglicher Natur» gewesen seien, aber dass sie auch lesen und schreiben könnten, um sie entsprechend zu verteidigen. Sie wollte ganz einfache Menschen, die aber bereit gewesen wären, die Freiheiten, die durch die Prinzipien George Sands geprägt wären, wie frische Luft aufzunehmen. Sie wollte sie ruhig und schweigsam, aber dass sie ab und zu protestieren sollten... Aber da die Landleute mit ihrer Insel und mit ihrem Schicksal zufrieden waren, verspürten sie natürlich keine Lust zu protestieren. Sie hatten in ihrer Mitte eine *Protestantin* und da sie nicht als solche erkannt wurde, muss dieses Verbrechen frevelhafter Achtungslosigkeit sie zweifellos beleidigt haben.

Immerhin protestierten die Bauern — aber ihretwegen. Nicht ihrer Ideen wegen, denn sie waren ihnen nicht bekannt, sondern über ihr Benehmen, denn diese natürlichen Menschen fanden es nicht natürlich. Sie sahen, dass die Humanität und die heidnische Religion die Bedeutung hatten, nicht zur Messe zu gehen; dass die «ursprüngliche Liebe» es mit sich brachte, dass die Liebschaft mit *ihrem Kranken* nicht von der Kirche gesegnet war, und dass der Sinn der Freiheit darin lag, nur das zu tun, was sie selber wollte.

Stellt euch vor, welche Unruhe diese Frau, die in Männerhosen umherging, in Valldemosa anstiftete, wo vor knapp drei oder vier Jahren die Sache mit den Stieren passiert war, wo die Mönchszellen noch nach Tugend und nach dem heiligen Geruch der Keuschheit dufteten! Und als ein Klavier in einem Ort ertönte, wo nie zuvor eins erklungen war! Muss es ihnen nicht wie das Wirken eines bösen Geistes vorgekommen sein? Ist der erste Anblick eines Klaviers nicht so etwas wie wenn man zum ersten Mal ein Auto sieht? Und dass dieses Klavier nachts im Mondschein gespielt wurde und man ihm Melodien entriss, die uns noch heutzutage — selbst wenn sie von affigen Mädchen gespielt werden — in Rührung versetzen? Sollten dabei jene einfachen Hirten nicht erschrocken sein?

Die Hirten verstanden sie nicht. Ich glaube kaum, dass dies jemand verwundern wird. Er, der arme, kranke Künstler, träumte von den Tagen des Ruhmes, beklagte sich über nichts und hörte nur die Töne, die dem Klavier entströmten; aber sie, die —wie Alomar uns sagt— das Echo des Revolutionsliedes in sich zu tragen schien, das noch nicht ausgeklungen war, und den Widerhall des *Ça ira* und der *Carmagnole*, befand sich nun inmitten von Menschen, die anstatt *ça ira* ihr *ça hi és* [1] sangen. Das genügt, um sich von allen Theorien freizumachen. Sie schrieb also dort das Buch über Mallorca, so voll Galle und Bitterkeit, dass es unmöglich die Inspiration der Insel war, sondern die Traurigkeit, die sie bereits in ihrem Innern trug.

Jawohl, meine Herren! George Sand tat wie viele unserer Leser, die in der Stadt von der Erhabenheit und Einfachheit des ländlichen Lebens sprechen, das sie nur durch die Bücher kennen. Aber sobald sie dort wohnen, können sie sich nicht anpassen. Sie finden an den gewaltigen Gewitterstürmen und den entfesselten Himmelskräften gefallen, aber die Zugluft einer halb geöffneten Tür beleidigt sie. Sie wollen den Regen geniessen, aber sie ertragen das Fehlen eines Fensterglases nicht. Sie möchten das Haus voller Poesie und Legenden haben, aber ohne Rauch. Und da dies alles die Begleitung des ländlichen Hirtenlebens ist, werden sie seiner nach acht Tagen müde und — wenn sie nicht sehr natürlich sind — schimpfen sie über die Natur und die Natürlichkeit. Johann Jakob Rousseau hatte sie betrogen, und da die arme Seele sich langweilte, tobte sie sich aus, indem sie schlecht über die Eingeborenen Valldemosas sprach, aber diese verstanden sie nicht.

Den Gästen, die kamen — oder heute noch kom-

1. Das ist so.

men, — um die Ruinenluft zu geniessen wie jemand, der eine Badekur macht und sich der Einsamkeit des Klosters in Hemdsärmeln erfreuen wollte, mag wohl das Gleiche wie der romantischen Schriftstellerin geschehen sein, aber sie gaben sich mit der Frische schon zufrieden. Chopin fand während seiner Krankheit Zerstreuung, indem er seine Träume in Noten verwandelte. Aber stellt euch vor, wie die Einbildungskraft der grossen begeisterten Frau arbeitete, als sie sich in einem einsamen Kloster eingeschlossen befand, allein auf einer Insel, mit einem Kranken und mit dem Wind, der durch die Türen heulte! Alomar sagt, dass man noch mit Leichtigkeit jene Abende in Valldemosa ins Leben zurückrufen kann. Sie sah wohl im Traume die Schatten der toten Karthäusermönche, die mit leeren Augenhöhlen durch den Kreuzgang schwebten; der Mond zeigte ihr fürchterliche Bilder, aus dem Chor kam der Widerhall nächtlicher gedämpfter Gesänge. Alles schien ihr nahe, nur eines nicht: Die kurze wohltuende Stunde, sich von der Natur zu entfernen und wieder nach Hause zurückzukehren.

Der Winter muss ihr kalt vorgekommen sein und er schien ihr sicher der längste dieses unendlichen Lebens! Da ihr alles gleichgültig war, trat sie stets ungekämmt heraus. Aber in einem Dorfe, wo alle Frauen ihren schlichten und einfachen Scheitel trugen wie die heilige Katharina, trug dies viel zum Verlust ihres Ansehens bei. Aber es machte ihr nichts und da sie ausserdem unter den Blicken der Einheimischen einen Morgenrock mit luftigen Falten trug, füllte sie das Mass des Ärgernisses bis aufs Äusserste. Sie war so romantisch und die Bauern so ländlich, dass die Ideen, die sie über idyllische Brüderlichkeit mitgebracht hatte, so ein düsteres Ende nahmen, — es ist ein Glück, dass auf der Erde alles in Asche verwandelt wird.

Eines Nachts, da sie es nicht länger aushalten konnte (wie in Valldemosa erzählt wird), wollte sie ihr Herz der gesamten Last des Romantizismus entladen, der sich darin angehäuft hatte. Sie entlud sich einem Büsser, der sich gerade dort aufhielt, und aus der romantischen Szene, die sie entwickeln wollte, wurde fast ein «natürliches» Schauspiel.

Der Büsser lebte im Kreuzgang, und es war richtig, dass er Busse tat.

Eines Nachts löste sie also im Mondschein ihre Haare — die nach Alfred de Musset, dem grossen Haarfachmann, wirklich prächtig waren — zog ihren weissesten Morgenrock über, knöpfte ihn nicht ganz zu, liess ihren Hals blicken, der aussah wie ein Schwan, der auf einem Rosennest brütet und... begab sich zum Büsser, in Mondstrahlen gebadet, und öffnete Arme und Lippen.

Der Büsser trat zurück und betete.

Sie aber trat vor und öffnete die Arme noch mehr.

Er zeigte ihr das Kreuz.

Aber sie trat weiter vor.

Schliesslich sah er, dass der böse Geist, wenn er sich als Frau verkleidet — und soviel Büsser in Versuchung gebracht hat, die weiser waren als er und mehr Erfahrung besassen — eine Macht hatte, die er nicht ahnte, und Haare, Augen und Arme, die man in den Einsiedeleien nicht vorfindet. Ferner, da er anstatt ein Job nur ein Anfänger war, liess er sich versuchen und ging schnurstracks auf die Versuchung zu, und wenn sie nicht geschrieen hätte, sodass Chopin mit einigen anderen

Gästen zu ihrer Hilfe herbeigeeilt wäre, hätte es vielleicht in ihrem *Winter auf Mallorca* ein Kapitel mehr gegeben. Es wäre dem Rousseau gewidmet gewesen mit der Behauptung, dass der *natürliche* Mensch nur zwischen den Ruinen gedeiht.

CAN MARIÓ

Wir selbst aber haben den natürlichen Menschen — von dem wir im vorhergehenden Kapitel sprachen und den George Sand nicht entdeckte — ohne viel Mühe gefunden. Wir können behaupten, dass er gut, ehrlich, intelligent und sogar arbeitsam ist (letzteres natürlich in gemessener Art, wie man sich vorstellen kann).

Um ihn zu finden, braucht man nicht weit zu gehen. Im gleichen Gasthaus, wo wir die Ehre haben, als Gäste zu weilen, genügt es, den Abend zu erwarten. Die Leute kommen einzeln oder gruppenweise an, um ihren Kaffee einzunehmen, der gut und leicht ist und nur fünf Pfennige kostet.

Can Marió ist der Mittelpunkt und Versammlungsplatz des ganzen Dorfes. Man sieht einen Schanktisch, einige Flaschen, eine Reihe Gläser, um den vom Schweigen verursachten Durst zu löschen; eine Kaffeekanne auf dem Feuer, vier Tische mit Marmorplatten, eine Zeitung aus der Stadt für die, die lesen können; draussen eine Vorhalle, wo man sehen kann, wie niemand vorbeigeht.

Im Inneren befindet sich die Küche, aus der gewöhnlich der grosse, schweigsame und arbeitsame Marió herauskommt; zwei Jungen, die in der Schweigsamkeit und Lebensklugheit ihrem Vater ähnlich sind, und eine Schar Frauen. Sie heissen durchweg Maria, *Malguelida, Joanina* und Magdalena. Mit ihrem nonnenähnlichen gleitenden und geräuschlosen Gang entfernen sie die

Gläser, giessen ein, bringen den Kaffee und nehmen ihn wieder mit. Sie jagen fleissig umher wie Frettchen, und bei all diesem Betrieb hört man kein Glas klingen, kein Geräusch, keinen Schritt. Es ist so, als ob die Kunden Kopfweh hätten und hergekommen seien, um sich einer Kur der Stille zu unterziehen.

Der erste, der gewöhnlich ankommt, ist ein sehr typischer Maurer. Seit zwei Jahren baut er sich ein Haus und er befolgt jenes Sprichwort, das folgendermassen lautet: «Wenn du gut bedient sein willst, mache dir dein Bett selber.» Er will keine Hilfe haben. Heute macht er den Kalk zurecht, morgen den Zement, jetzt setzt er ein Steinchen, dann hebt er einen Balken, ganz allein, und so baut und schafft er den ganzen Tag mit heiliger Ruhe und Überlegung und wenn Feierabend ist, geht er ins Café des Marió, um für fünf Pfennige zu trinken; denn wer im Schweisse seines Angesichts arbeitet, hat ein Recht darauf.

Nach einer Weile kommen zwei Männer von der Feldarbeit und sie sind so sauber, dass sie entweder einen Staubmantel tragen, wenn sie pflügen, oder die Erde Mallorcas ist so sauber, dass sie nicht beschmutzt. Sie setzen sich zum Maurer hin, bekommen ihren Kaffee serviert und wenn sie alle drei zusammen sind, leisten sie sich Gesellschaft und schweigen.

Dann erscheinen andere und unter ihnen der Onkel, ein richtiger Bauer, dem man einige Worte widmen muss.

Er ist vierundfünfzig Jahre alt. Seit dreissig Jahren kommt er in dieses Haus und seit neunundzwanzigeinhalb macht er hier den Hof, ohne einen einzigen Tag zu versäumen. Soviele Jahre auch vergehen, er wird nicht müde.

Von der Revolution bis zur Abdankung König Amadeos machte er einer Magd den Hof, doch diese Magd ging eines Tages fort. Aber da er gewohnt war, in diesem Haus den Hof zu machen, setzte er die gleiche Tätigkeit mit der neuen Magd fort und dies dauert noch heute.

Immerhin, es dauert nur fünf Minuten. Er stellt sich in der frischen Luft ans Fensterlein, wenn es Sommer ist, und an das Kohlenbecken im Winter, und sobald es zwei Uhr schlägt, erscheint die Dame seiner Liebe. Sie setzen sich auf zwei Stühle in einiger Entfernung von den anderen, um der Handlung etwas Feierlichkeit zu verleihen. Sie sprechen von ihren Dingen — die sie nach sovielen Jahren wohl kennen müssen — und sobald fünf Minuten vergangen sind, hören sie auf.

Sie haben nichts Schlechtes getan und ihre Pflicht erfüllt. Da der Onkel denkt, dass das Heiraten eine gewagte Sache ist, hat man je länger man es aufschiebt umso weniger Kopfzerbrechen. Wer es auf dieser Welt eilig hat, versteht es nicht, das Leben auszunutzen. Wenn wir also nicht alle das Gleiche tun wie dieser Bauer, so kommt es daher, weil nicht überall Valldemosa ist und weil es nicht überall Damen gibt, die sich so treu und ergeben den Hof machen lassen.

Wenn der Onkel fortgeht — zehn Uhr fünf — erscheint eine Gruppe Männer, aus deren Miene, die Güte, Ehrlichkeit und Sanftheit widerspiegelt, niemand erraten würde, dass sie einen gefährlichen Beruf haben: Es sind Schmuggler.

Aber auf dieser Insel sind die Schmuggler derart von denen verschieden, die in *Carmen* beschrieben werden, wir können sicher sein, dass Mérimée nach der Bekanntschaft mit ihnen sein Buch geändert hätte. Sie sind so mutig, so schweigsam, so gute «Arbeiter» und so ausgezeichnete Familienväter, dass sie mit ihren Taten vielleicht nur die Aktionäre der Tabakgesellschaft beleidigen. Wir selbst können als Raucher und ehrliche Menschen versichern, dass wir ihnen helfen würden, wenn sie mit einem Paket unseren Pfad gingen.

Nach den Schmugglern kommt gewöhnlich *la pareja* — die Gendarmen — aber diese nehmen ihres Amtes wegen nichts ein, weil sie aufpassen müssen, dass im Hause keinem Laster gefrönt wird. Dann kommt der Glockenläuter, ein junger Mann, der vom vielen Glokkenläuten in einen taumelnden Zustand verfallen ist. Wenn er eine Zigarette anzünden will, macht er es so langsam und verübt solche Gebärden, dass zwischen Anzünden und Auslöschen so viel Zeit vergeht, dass er sie schliesslich gar nicht raucht. Danach kommt jener hinkende Krüppel herein, der in keiner Gasthausgesellschaft fehlt. Aber der hiesige Krüppel bewegt das andere Bein so langsam, dass man nicht weiss, auf welchem er eigentlich hinkt. Schliesslich erscheint der Briefträger mit dem letzten Brief. Dann setzen sie sich im Kreise zusammen, und wenn sie vom Schweigen müde geworden sind, ergreift einer die Guitarre und dann fangen sie an *El Parado* zu singen.

Nun ist *El Parado* ein Lied, das auf dem Seewege angekommen ist, aber inzwischen ist es echt mallorcanisch geworden. Ursprünglich war es ohne Zweifel ein lustiges, lebendiges und sicherlich ungestümes Lied, denn man errät noch die Worte des Bolero. Mögen nun die Wellen, die es auf seinem Wege schaukelten oder die mystische Umwelt, die es beim Landen vorfand, es beinflusst haben, so kann es heute sogar der Pfarrer singen ohne verdammt oder zum Fegefeuer verurteilt zu werden.

Inmitten von Mallorca
Fiel der Mond,

beginnt einer mit kräftiger Stimme.

Fiel der Mond,

wiederholen alle, als ob sie das Fallen gesehen hätten. Der Chor dehnt und breitet sich aus. Die gesammte Gesellschaft nimmt daran teil: der Maurer, der Krüppel, Mariò, *la pareja* und die Schmuggler. Sobald der Mond auf der Erde angelangt ist, schreit der erste.

Er zerfiel in vier Stücke.

Und der Glockenläuter:

Du bist eins davon.

Und der Briefträger, der nichts gesagt hatte, antwortet:

Ich bin el parado!

Mit einem plötzlichen Schrei rufen alle:

El parado!
Denn ich halte an.

Wie man sieht, kann dieses Anhalten niemandem Weh

tun, den Sängern nicht und nicht einmal den Zuhörern. Wer anhält, fügt sich keinen Schaden zu und es ist besser, beizeiten anzuhalten anstatt verzweifelt ins Verderben zu rennen.

Im Gasthaus von Mari6, wenn jemand sich verliert, ist es gerade wegen der geringen Eile, denn man hat genügend Zeit, es zu bereuen. *El parado* ist dort sozusagen ein symbolisches Lied, der Marsch der Langsamkeit, die Hymne an die ruhige Arbeit und die musikalische Ode an die Ruhe.

Die Kunden unseres lieben Freudes Marió haben soviel Ruhe, dass es solche Augenblicke der Passivität gibt, dass alle zu Helden des Widerstandes werden.

Das kam besonders eines Abends zum Vorschein, als zwei Glossensänger auftraten. Die Glossensänger sind zwei Männer, die auf einem Tisch stehend singen und improvisieren bis sie herunterfallen oder die Zuhörer zerplatzen.

Die Vorstellung der beiden Glossensänger fing abends um acht Uhr an, und ohne zu essen und zu trinken ging es pausenlos bis Mitternacht. Durch das Zuhören ruhte niemand, weder Sänger noch Zuhörer. Um ein Uhr morgens brachte man ihnen zwei Gläschen und weiter ging der Gesang! Niemand schlief, nicht einmal die sich oben befanden. Um vier Uhr morgens kam die Sonne heraus und das belebte sie wieder. Die einen sangen unentwegt und die anderen hörten ununterbrochen zu bis um sechs. Noch zwei Stunden mehr in der Übung der Stimme, und schliesslich fand man sie am hellichten Tage alle schlafend, die einen auf den Tischen und die anderen auf den Guitarren.

Niemand hatte etwas getrunken, denn den Kunden

des Marió mangelt es an Lastern und so geben sie ihm mehr Glanz als Geld. Diese Männer Valldemosas, die George Sand nicht gesehen hatte, brauchen keinen Geist, um im Inneren Freude zu haben. Sie besitzen zwei grossartige Dinge: ein gutes Herz und Mangel an Ehrgeiz. Durch sie ist es eher möglich, etwas Schlechtes zu erleiden als es zu vollbringen. Wenn die Gemeinderäte der Städte ihre Abordnungen zur Erforschung der Dorfgebräuche sie nach Valldemosa schicken würden, so würden sie ein Wirtshaus sehen, die Pension des Marió, wo man nur Kaffee trinkt, wo man jahrelang kein schlechtes Wort hört und wo man nicht redet, um nicht zu beleidigen.

Das Haus des Marió ist keine Kneipe. Es ist eine Schule der Enthaltsamkeit von allen alkoholischen Getränken.

MIRAMAR

Von Valldemosa begeben wir uns nach Miramar. Der Name sagt alles. Man sieht das Meer wieder, wie es gewaltig die Erde umspannt, und man wird sich wieder bewusst, dass Mallorca eine Insel ist.

Man wird daran erinnert, aber es tut einem nicht leid, denn, wenn dieser blaue Mantel uns nicht von der übrigen Welt trennen würde, hätte das Gesehene keinen Sinn. Mallorca wäre wie ein Kontinent, und die grossen Erdteile sind heutzutage so eintönig, dass sie nicht die Mühe wert sind, besucht zu werden.

Diesmal sieht man das Meer aus einer solchen Höhe und in so grossen Mengen, — wenn man es nicht aus der Nähe gesehen und seine Wirkung verspürt hätte, könnte man meinen, dass neue Massen Wasser hinzugekommen sind.

Einst gab es auf dieser Insel einen Knaben, der nicht baden wollte, um nicht blau gefärbt zu werden. Von Miramar aus sieht man soviel davon, es kommt einem seltsam vor, dass die Schiffe nicht die tiefblaue Farbe angenommen haben, wenn sie ihre Überseehafen erreichen. Es ist unmöglich, dass man irgendwo mehr blaue Farbe zu sehen bekommt. Alles ist voll davon. Sie reicht bis zum Himmel, oder der Himmel kommt bis zu ihr hernieder, aber in der Ferne verschwimmt alles ineinander. Die Wellen, die so übel für den Seefahrer sind, scheinen von hier aus wie kleine Runzeln auf einer feinen Haut, und man meint, man könnte sie glätten, wenn man mit der Hand darüberführe.

Auf diesem tiefblauen Meer erblickt man geheimnisvolle Wege. Sie wechseln dauernd ihre Lage und sind deshalb sicherlich nur den Fischen bekannt. Hier sieht man einen Pfad, der sich wie eine Rakete auf den Wellen abzeichnet und wenn man ihn verfolgen will, verschwindet er plötzlich spurlos in den Wellen. Vielleicht sind die Delphine vorbeigeschwommen und haben ihn ausradiert, um inkognito reisen zu konnen. Es gibt soviele Strömungen, dass der Prinz von Monaco, der ihren Lauf studiert, hier viele Stunden verbringen könnte.

Auf jeden Fall bietet Miramar eine der schönsten Aussichten, die man je geniessen kann. Es gibt keine Corniche, keine Capri-Insel, kein Korsika, kein Sardinien, die soviel Wert haben wie dieser Ausblick. Sie mögen wohl damit angeben, aber jene Küsten empfangen das Meer nicht mit solch einer Grüne wie diese, sie sind nicht so steil, haben nicht soviel Bäume und treten nicht in dieser Breite vor. Alles, was in Valldemosa innig ist, verwandelt sich hier in ein ausgedehntes Panorama, wo man nicht mit der Dekoration spart. Die höchsten Berge der Insel nähern sich dem Meere, als ob sie sich darin baden möchten. Ihre Anzahl ist gross, deshalb gibt es auch entsprechend viele Gebirgsketten. Vom Feuerrot bis zu einer Farbe, die es nicht gibt, überblickt man sie alle, und im Hintergrund meint man noch andere zu erkennen, aber es sind die Nebel, die sie widerspiegeln.

Wir glauben, dass es nicht viel Stellen wie dieses Miramar gibt, wo der Mensch, der von der Welt müde ist, den herrlichsten Sitz vorfindet, wo er sich niederlassen und ausruhen kann.

Das hatte wohl Ramón Llull gedacht, als er sich in der Entwicklung vom zügellosen Leben zur Bekehrung seines Geistes befand, und vom Hofe Jaumes I. nach Montserrat, von Italien zum Heiligen Land, von der Gauklerei zur Alchimie begab. Hier hielt er an, um sich von dem Fluge nach anderen Ländern und anderen philosophischen Systemen auszuruhen. Dieser heilige Erleuchtete konnte nirgends wie hier im Buche der Beschaulichkeit lesen. Hier träumte er, ruhte er, und faltete seine Flügel, um danach einen grösseren Flug zu beginnen. Die Bäume sprachen mit ihm über die anderen «Bäume der Wissenschaft», die zu verewigen er bestimmt war, wo er den «*Freund*» schrieb, der an den *Geliebten* denkt. Für einen beschaulichen Menschen gibt es nichts besseres als eine Insel, und auf einer Insel keine bessere Stelle als diese. Wenn er auch nicht mit dem Gesicht dem Himmel zugewandt beten konnte, ahnte er hinter dem Nebel die Welt, die er mit dem Glauben eines Erleuchteten und der Überzeugung eines Apostels erobern würde.

Als er daher eine Schule zum Erlernen der arabischen Sprache gründen wollte — für die Missionäre des Glaubens, die von hier aus die Ungläubigen in ganz Afrika bekehren sollten — schien ihm dieser Ort am besten dafür geeignet. Hier fand er die Stärkung, die Zusammenziehung der Mächte, wo man den Saft des Glaubens trinken konnte, um ihn in anderen Ländern als Saat zu verstreuen.

Ramón Llull erzählt in seinem Buch «*Blanquerna*» vom Leben, das er hier führte. Er sagt, dass er um Mitternacht aufstand und das Fensterchen seiner Zelle öffnete, um den Himmel und die Sterne zu betrachten.

Dann versank er in Betrachtung unter den Ölbäumen, pflegte den Garten der Einsiedelei, und nach dem Essen, als er von der Tagesarbeit müde geworden war, wusch er sich vor Sonnenuntergang Gesicht und Hände. So verabschiedete er sich in aller Reinheit von dem sich zurückziehenden Tagesgestirn. Wenn die Sonne hinter dem Meer verschwunden war, zur Stunde, wo die Phantasie die Toren der Träume öffnet, atmete er den Duft der Welt ein und betete. Er war von jenen Sonnenuntergängen so begeistert, dass — wie er selber sagt — wenn er im Bett die Augenlider öffnete, so sah er sie immer noch und setzte sein Gebet fort, als ob er es nicht unterbrochen hätte.

Hätte er anderswo so ein Leben der Beschaulichkeit führen können, wie zwischen den Bergen auf einer Insel, mit dem stets geöffneten Buch des Meeres vor den Augen? Wo, wenn nicht hier, hätte er angesichts der Sterne den «Ritterorden» in sieben verwandte Zweige einteilen und sie mit den Planeten des Himmels in Beziehung bringen können? Wo, wenn nicht in der Einsamkeit, hätte er die *Gebete an die Heilige Jungfrau* und seine *Elegien* schreiben können? Das Licht des Himmels badete seine Stirne und fasste Wurzeln in diessem Boden, der ihm mystische Blumen als Früchte darbot. Die Kraft der Beschaulichkeit heiligte ihn. Es war das erste Mal, dass der Saft einer Landschaft aus einem Mann einen Heiligen formte. Und das Herz der Insel schlug mächtiger in der Wonne des Triumphes.

Man sagt, dass die Leute der Umgebung dorthin gingen, wo er betete, den Boden küssten und sich ermutigt fühlten. Viele gingen in Prozession hin. Der einst verdorbene Mensch, der damals seinem düsteren Instinkt folgend zu Pferde in die Kirche geritten war, wurde hier gross und fast noch im Leben zur Legende.

Aber für Ramón Llull war der Augenblick gekommen, um die Flügel auszubreiten und wie ein Adler des Glaubens über die Insel zu fliegen. Die Einsiedler sahen voller Hoffnung zu, wie er in der Ferne verschwand.

Sein erster Flug brachte ihn nach Rom. Der Papst empfing erstaunt einen Menschen, der die Stirne voller Weisheit und das Herz voll Glauben hatte, dessen Augen von innerem Feuer glänzten, der ihm seltsame Fragen stellte und der ihn um Trost bat, wo er selber ein Tröster war. Als er ihn segnete schaute er ihn an und erriet, dass es sich um einen Erwählten handelte. Von Rom ging er nach Deutschland, und von dort nach Griechenland, nach Arabien, dem Land der Tartaren; vom Land der Tartaren zum Mittelmeer bis in die Nähe Indiens. Dann kehrte er zurück nach Jerusalem und vergoss im heiligen Lande bittere Tränen.

Wir haben in diesem Buch, das wir eilig schreiben, keine Zeit, um die Wege dieses bewunderungswürdigen Menschen zu verfolgen. Wenn wir lediglich von seinen Reisen sprechen möchten, hätten wir mehr als dreissig Bücher nötig, nebst einem Studium und Kenntnissen, die wir unglücklicherweise nicht besitzen. Wir müssten viele Stunden zur Verfügung haben, nur um von seinen Bekehrungen zu sprechen, und es wären zwei Leben erforderlich, um das seinige zu beschreiben. Einmal erfand er einen Sextanten, damit die Seeleute nachts ihre Ortsbestimmung finden konnten; ein anderes Mal treffen wir ihn in der Sorbonne, wo er Einwände bekämpft; er durchquert die Wüste; predigt in Montpellier, diskutiert in den Synagogen; geht von Almería nach Granada, studiert währenddessen das Leben der Araber und bekämpft den Glauben an den falschen Propheten; einmal wird er gefangen genommen; ein anderes Mal ist er Alchimist; keinen Augenblick unterbricht er seinen Flug. Er breitete seine Flügel auf der Insel aus und faltete sie erst wieder zusammen, als er starb.

Aber kurze Zeit vor seinem Tode, beim «Lob des *Freundes* und des *Geliebten*», wurde er in den Wüsten Argeliens von denen verwundet und gefoltert, die er bekehren wollte. Während er mit seinen offenen Wunden daniederlag, dachte er an Miramar und bat, man möchte ihn auf einem Schiff dorthin bringen. Als er aber aus der Ferne die Insel erblickte, die er bereits in seinen Träumen gesehen hatte, schloss er für immer die Augen.

Noch heute sieht man an der höchsten Stelle eines von Wäldern umringten Abgrundes einige kleine Zypressen, die einer Einsiedelei gegenüber aufgereiht stehen.

Dort beten einige Einsiedler, die Ramón Llull zurückgelassen hat. Sie weinen, weil sie leben und hoffen auf den Tod, um sich mit ihrem Lehrer zu vereinigen... Und in diesen Zeiten alleine weinen zu können, selbst wenn man Einsiedler ist, wo alle Menschen singend und lachend durchs Leben gehen wollen, — das können nur die Einsiedler dieser gelobten und gesegneten Insel der Ruhe vollbringen.

DER ERZHERZOG LUIS SALVADOR

Vor etwa vierzig Jahren landete an der Küste Miramars ein junger Erzherzog, der die ganze Welt bereist hatte.

Der junge Mann hiess Luis Salvador und war Erzherzog der österreichischen Dynastie.

Er duchwanderte die Insel aufs Geratewohl und geriet einmal nach Valldemosa. Er fand in dem uns schon bekannten Hause Marió Unterkunft, beim Vater oder Onkel des Marió, von dem wir im vorhergehenden Kapitel sprachen.

Von dort ging er nach Miramar, von wo er sicherlich tief beeindruckt zurückkerte, denn er wiederholte den Besuch.

In einem von ihm veröffentlichen Buch beschreibt er in mallorcanischem Dialekt das Haus, das später so schön sein sollte:

«In jenem verlassenen Hause befanden sich nur einige schlecht gepflegte Zimmer und ein halb zerfallener Turm, den das Dach vor dem Regen aus dem Westen schüzte. Auf der anderen Seite des Hauses wurde die Hälfte von zwei Wänden eigenommen, da man dort beabsichtigt hatte, eine Bäckerei einzurichten. Die sumpfige Erde des Obstgartens reichte bis zur Kapelle und liess nur einen engen Pfad zum Eingang hin übrig. Eine niedrige und rissige Arkade und ein hölzerner Altar mit weissen Säulen umrahmte ein antikes Bild der Heiligen

Dreifaltigkeit. Dies alles wurde uns von einem hinkenden Mann und seiner Frau gezeigt.»

«Wenn man dieses Haus feilbieten würde, möchte ich es kaufen», sagte der Erzherzog einem Freunde und setzte die Wanderung fort.

Sie durchstreiften die ganze Insel und eines Tages erreichten sie das Tal von En March, wo der Erzherzog einige Zeichnungen für sein Album machen wollte.

Aber es fing zu regnen an, und so stark, dass sie gezwungen waren, in ihrer Unterkunft zu verweilen. Da sagte plötzlich der Erzherzog, als ob es sich um einen Gedanken handelte, der ihn schon lange beunruhigte:

«Wir könnten nach Sa Pobla fahren.» Hier wohnte Don Juan Serra, der Besitzer Miramars, und der Erzherzog hatte gehört, dass er es vielleicht verkaufen wollte.

Aber wir wollen es ihn selber in seiner perfekten mallorcanischen Mundart erzählen lassen:

«Aber wir haben keine Kutsche» sagte dann Don Francisco «und wir können die Maultiere von En Comasema nicht benutzen, denn sie sind von der gestrigen Ausfahrt zu müde geworden».

«Wir haben aber Karren», antwotete ich ihm.

«Bei diesem Wolkenbruch?»

«Das macht nichts. Wir spannen ein Segeltuch darüber und so werden wir nicht nass.»

Gesagt, getan. Wir mieteten einen Karren und begaben uns unter dem strömenden Regen nach Sa Pobla, das wir nach zwei Stunden erreichten.

Als wir auf der Hauptstrasse ankamen, war keine Seele zu sehen und sie war in einen Bach verwandelt. Schliesslich konnten wir eine Frau, die uns von einem

Portal aus betrachtete, fragen, wo sich Can Serra befand.

«Dieses Haus rechts mit dem Portal und dem Bogen ist Can Serra», sagte sie.

Wir waren bald dort.

Wir klopften an und ein etwa zwölfjähriges Mädchen öffnete uns die Tür.

«Ist hier Can Serra?»

«Ja, es ist mein Vater. Ich werde ihn gleich rufen. Aber treten sie bitte ein! Bei diesem Wetter!...»

Nach einigen Augenblicken stellte sich uns ein Herr vor, etwa vierzig Jahre alt, mit freundlichen Zügen.

«Sind sie Don Juan Serra?» fragte ich ihn.

«Jawohl, mein Herr», antwortete er.

«Sehr gut. Ich bin ein Ausländer, der ihre Insel bereist. Man hat mir gesagt, dass sie einen kleinen Besitz an der Nordküste haben, der sich Miramar nennt und den sie verkaufen wollen. Ich weiss nicht, ob man mir richtig Auskunft gegeben hat.»

«Jawohl, mein Herr. Ich habe alle meine Ländereien hier in der Nähe von Sa Pobla, wo ich wohne, und Miramar liegt etwas abseits.»

«Gut, ich möchte nicht feilschen. Nennen sie mir bitte nur einen einzigen angemessenen Preis. Dies sage ich ihnen im voraus, denn wenn er übertrieben ist, so wird es zu keinem Abschluss kommen. Ich werde lediglich "ja" oder "nein" sagen.»

Er überlegte einen Augenblick und sagte mir sogleich den Preis, der mir angemessen schien.

«Wo werden wir den Kaufvertrag abschliessen?»

«In Palma.»

«An welchem Tage?»

«Am Mittwoch.»

«Bei wem?»

«Bei Formiguera, in der Nähe von Sa Portella.»

«Guten Tag!»

«Auf Wiedersehen!»

Wir bestiegen wieder den Karren und — immer noch unter dem Regen — fuhren wir nach Pollensa zurück. Miramar war gekauft.

Wenn es an diesem Tage des Heiligen Sebastian kein schlechtes Wetter gegeben hätte, wäre ich in das Tal von En March zum Zeichnen gefahren und hätte wahrscheinlich nicht mehr an Miramar gedacht,» sagt der Erzherzog.

Und jetzt fügen wir hinzu: Wenn es an jenem Tage nicht geregnet hätte, besässe Mallorca eines der schönsten Dinge nicht, die man auf der Welt sehen kann. Es gäbe hier das Bauernhaus nicht, das in ein Museum verwandelt wurde; wir besässen nicht die üppigsten Wälder, die sich im Mittelmeer spiegeln, und es gäbe keinen Erzherzog des österreichischen Hauses, der seine *Roqueta* so sehr lieben würde und der die mallorcanische Sprache so gut beherrschte, als ob er ein Sohn dieser goldenen Insel wäre.

Nachdem er Miramar erworben hatte, kaufte er ein Landgut nach dem anderen, bis die ganze Küste, wo Ramón Llull gelebt hatte, ihm gehörte. Dann schuf und wirkte er, um sie zu verschönern und zu verherrlichen. Als erstes stattete er das Haus mit Möbeln aus, mit den alten mallorcanischen Möbeln, welche die Mallorcaner zwar nicht mit Gleichgültigkeit verschwinden sahen, aber ohne sich Mühe zu geben, um sie zurückzuhalten. Gedrechselte Betten in den weissen Sälen mit Bettdecken, die in Artá hergestellt waren; Teller und glänzende

Schüsseln auf den Banklehnen und Regalen; Fussmatten aus Spartogras von Palma, Truhen, Stühle und Sekretäre; alles sammelte er liebevoll und brachte es in seinem Haus unter wie in einem Zufluchtsort für Reliquien; und wenn er es nicht kaufen konnte — wie eine prächtige Truhe aus Nussbaumholz, die sich im Palast der Almudaina befand und die ein Generaloberst nach Puerto Rico mitnahm — begnügte er sich mit einem Abbild, um es als Andenken zu bewahren, da er den Gegenstand selbst nicht haben konnte. Nach den Möbeln des Hauses kamen die Bäume, der Schmuck des Waldes, an die Reihe. Er ordnete an, dass in seinem Besitztum kein einiziger Ast abzuschlagen sei, und der dankbare Wald grünte üppig in grosser Schönheit. Als sein Schatten die Berge bedeckte, liess er halbversteckte Wege zwischen den Bäumen anlegen, damit das Landschaftsbild nicht darunter leiden sollte, Aussichtspunkte aus Stein und Lauben aus weissem Marmor. In allen diesen Einzelheiten bewies er einen auserlesenen Geschmack.

Das ist der Erzherzog, — ein Mensch von Geschmack und voller Herzensgüte. Jedes Tier, das er gekauft hatte, ist auf seinen Besitztümern alt gestorben. Ein Pferd lebte dort zwanzig Jahre; die Hunde schlafen in den Vorhallen, bis sie an Altersschwäche sterben. Wenn er einen kranken Baum sieht, lässt er ihn pflegen als ob es sich um einen Menschen handeln würde. Die Leute leben bei ihm besser als ein Fisch im Wasser. Einen Prinzen, der vierzig Jahre lang Menschen und Landschaften betrachtet, kann man nur auf einer Insel sehen.

Heute ist der Erzherzog sechzig Jahre alt; ein Prinz, der in Zurückgezogenheit und tiefer Beschaulichkeit lebt. Er schaut weder auf Kleidung noch auf Titel. Er fühlt sich vor allem als Mensch. Wenn man seine Aufmerksamkeit verdient, kommt er auf einem zu und bietet seine schwere Rechte zum Händedruck. Er hat die blauen Augen und die blonden Haare des nordischen Menschen, aber die Sonne der Berge und des Meeres hat ihm das Gesicht mit einer bräunlichen Patina bedeckt, die uns an die goldenen Felsen erinnert. Seine Haustür steht für die Wanderer und Pilger offen. Er schreibt, schaut auf das Meer und versinkt in Betrachtung, denn nur ein wahrhaft beschaulicher Mensch konnte sein Vaterland, die Eitelkeit des Hofes, den Prunk und Luxus verlassen, um sich eine neue Wahlheimat zu suchen und deren Sprache zu sprechen. Und dies alles nicht während der Dauer eines Monats, wie ein Vergnügungsreisender, sondern vierzig Jahre lang, und in dieser Zeit fasste er in Betrachtung versunken hier Wurzeln, wie die Steineichen dieser Berge.

Um dies alles tun zu können, muss man ein grosser Herr im Geiste sein. Der Erzherzog Lluis Salvador ist es von Geburt aus, aber noch mehr aus der Tiefe seiner Seele.

Wenn man einen vernachlässigten Ort mit natürlichen Schönheiten sieht, sagt man gewöhnlich:

«Wenn dies den Engländern gehören würde...!»

Es wäre besser, wenn man sagen würde:

«Wenn dies dem Erzherzog gehören würde...!»

Wenn ein schöner Ort den Engländern gehört, kommt es zur Einrichtung von Drahtseilbahnen, Hotels und Häusern, wo man sich langweilt und wo die Schönheit vernichtet wird. Wenn er dem Erzherzog gehört, wird die Welt der Natur mit verfeinerter Liebe gepflegt.

EIN DORF WIE EINE WEIHNACHTSKRIPPE

Wenn man von Son Masroig an den Grenzen von Miramar herauskommt, bemerkt man, wie die Ölbäume sich qualvoller am Boden herumschleppen. Sie verdrehen ihre Eingeweide aufs Äusserste, sie verknoten, verkrampfen und wälzen sich so hysterisch am Boden herum, dass man sie nicht mehr als Bäume bezeichnen kann. Sie scheinen unter einer Art Veitstanz zu leiden. Man verspürt Lust, ihnen zu sagen:

»Haltet an! Wenn man für das Hervorbringen von Oliven so leiden muss, ist es besser, die Sache aufzugeben und es überhaupt laufen zu lassen. Wer kein Öl aufs Brot schmieren kann, der benutze Wein. Das erwärmt den Kopf und nährt auch!»

Aber dies Bild dauert nicht lange. Man fährt weiter. Der Weg führt uns nach einer Niederung am Fusse sehr hoher Berge und auf einer Anhöhe erblicken wir in der Ferne Deyá.

Deyá ist ein «Krippendorf», eine Kirche auf der flachen Stelle der Anhöhe mit einer kleinen Zypresse an ihrer Seite, — ein Häufchen Häuser drum herum, die man beliebig verstreut hat. Andere Häuser etwas tiefer, und darunter noch mehr, stufenartig auf- und untereinander, alle mit der Vorderseite in der gleichen Richtung, mit der selben korkähnlichen Farbe und mit offenen Augen — den Fenstern. Wenn Giotto oder ein anderer Primitiver ein Dorf hätte erfinden müssen, hätte er es wie Deyá aufgebaut. Es fehlt nur der Rahmen, damit es wie ein Altarbild aussieht.

Am Fusse dieses Gemäldes breiten sich die Obstbäume wie Moos aus und sie sind so dicht und zusammengedrängt, dass man die einzelnen Bäume nicht voneinander unterscheiden kann. Aus einem Feigenbaum entspriessen Trauben, aber sie stammen von einer Weinrebe, die dicht daneben steht. Aus der Weinrebe kommen Pflaumen, die dieser Baum dazwischen mischt, und unter dem Pflaumenbaum hängen Apfelsinen, die ihm ein Apfelsinenbaum überlässt, weil er nicht genug Platz zum Reifen findet. Die grünen Farbtöne sind so vermischt, dass man als Bezeichnung dafür «Baumfarbe» sagen müsste. Es ist eine mit sich selber verflochtene Landschaft. Alles gedeiht, bringt Blüten und Obst hervor, wie eine Last, die man vom Herzen abnimmt und sie den Häuschen der «Krippe» als Gabe darbringt.

Wir müssen bemerken, dass in diesem Dörfchen, wie in vielen anderen der Insel — mögen uns ihre Einwohner verzeihen — die Figur wenig Bedeutung hat. Man sieht die Menschen in der Landschaft nicht. Plastisch betrachtet sind sie ein schwarzer Punkt, ein Pinselstrich. Ein farbiger Punkt verschwindet in der Atmosphäre, wenn er mit vielen anderen zusammen vermischt ist. Daher scheint ein Dorf zwischen den Feldern immer unbewohnt. Die Gegenwart des Menschen ist nur aus einem Licht am Abend, einer aufsteigenden Rauchwolke oder einer gleitenden Silhouette zu erschliessen. Die vorherrschenden Flächen sind die Mauern; nach den Mauern die Bäume, über den Bäumen die Bergketten und unter den Bergketten das Meer.

Die Landschaft dieser Dörfchen ist so weit und

grossartig, dass die Menschen, die darin hausen, nicht existieren, wenn man sie vom malerischen Standpunkt aus betrachtet.

Was ist ein Bürgermeister, ein Richter oder ein Pfarrer, wenn man sie mit einem Abgrund vergleicht? Wer bemerkt den Schulmeister, wenn wir einen Sonnenuntergang betrachten? Wer erinnert sich an den Arzt oder an den Apotheker, wenn man vor den blühenden Bäumen steht? Und wenn man die nicht sieht, denen man folgt, wie will man jene sehen, die gehorchen? Man könnte einwenden, dass man den Menschen oder den König der Natur an seinem Verstande zu unterscheiden pflegt, aber da der Verstand nicht nach aussen tritt, so kann der Reisende ihn nicht sehen... Beklagt euch also nicht, Einwohner von Deyá, denn die Gabe, nicht gesehen zu werden, in einem Winkel der Erde zu wohnen, sich um den Ruhm des Dorfes nicht kümmern zu brauchen, die Ideen nicht umzuwälzen, die Dinge nicht zu revolutionieren, keine Ehrenbürger ernennen zu brauchen, nicht zu protestieren, sich nicht «anschliessen» zu brauchen, dies alles hat seine Poesie; die Poesie des Unsichtbaren, die sowohl himmelaufwärts wie in das Erdinnere hinein dringt.

Die wenigen Figuren von Deyá im Einklang mit der Landschaft sind ebenfalls «Krippenfiguren». Ein Mann, der seines Weges geht und einen mit Brennholz beladenen Esel führt. Zwei Hirten, die den Suppenkessel auf einem Feuer von rotem Ölpapier erwärmen. Eine Frau, die ihren Krug in einem Bach füllt, der aus einem grünen Glasstück besteht. Ein Ochse, der mitten in einer Ebene pflügt. Eine Schafherde wie weisse Bohnen, Moos, Bäumchen, Rosmarin und Hühner aus Ton mit einem

Federchen als Schwanz. Es fehlt nur die Engelsfigur über dem Kirchturm und der Krippenstall mit dem Ochsen und dem Maulesel, ein Jesuskind wie Zuckerfarbe. Und wenn man die Drei Könige erblicken würde, wäre man nicht im geringsten verwundert.

Deyá ist statisch, plastisch und primitiv. Es könnte eins jener Dörfchen sein, die Orgagna im Friedhof von Pisa malte, mit einem Einsiedler an jedem Stein und ein freundlicher Baum an jeder Einsiedelei. Es scheint so, als ob jeden Morgen von droben aus den Bergen ein schwarzer Rabe herabfliegen würde mit einem Brot im Schnabel, um es unter die Häuschenbewohner zu verteilen; dass ein Engel zum Pflügen herabkäme, während der Bauer betet; dass die himmlischen Hirten dort ihre Schafe weiden würden; dass die Obstgärten aus einer himmlischen Zisterne bewässert würden, und dass dort nur heilige Pflanzen wachsen könnten, um Verhexungen und üble Zaubereien zu heilen. Es ist ein Dorf, das uns zu sagen scheint: «Hier hast du mich ganz als Altarbild, so dass du dich beim Vorbeigehen bekreuzigen und mich malen kannst.»

Überhaupt — abends ist es ein Altar, der uns anregt, ein Loblied oder einen Teil des Rosenkranzes an Unsere Liebe Frau des Mondes anzustimmen. Wir haben bereits gesagt, dass auf dieser Insel der Mond ein Freund ist, der sie öfters besucht als die Astrologen angeben. Er kommt so gern, so ganz nach Lust, dass er seinen gesamten Schmuck an Silber und Edelsteinen anlegt. Wenn das Dorf ihn erblickt, gerät es in Verzückung unter einer himmlischen Helle. Es ist, als ob Unser Heiland vorbeiginge und man Lichter an die Fenster stellen würde. Man sieht an jeder Türe eins, gelblich blinzelnd.

Aus den Spalten kommen andere heraus, halb versteckt und zitternd, und oben, weiter oben, ist alles voll davon. Die Anhöhe sieht aus wie ein riesiger Strauch voller Glühwürmchen oder wie ein grosser Altar voller Kerzen.

Darüber breitet sich der Himmel blau, klar und heiter aus. Die Brise trübt ihn nicht, und mitten im grossen Tuch glänzen die sieben Sterne des Wagens wie sieben Diamanten.

Man könnte sagen, dass Deyá den «Wagen» an der Haustüre hat, um zwischen dem Mond hin und her zu fahren.

DIE «KRIPPENFIGUREN»

Da diese Dörfchen wie Weihnachtskrippen sind, ist es natürlich, dass die Figuren aus Tonerde bestehen.

Wir wissen alle, dass der Mensch aus Erde besteht und wieder in Erde verwandelt wird, — aber es gibt allerlei Sorten Erde, und wenn man auf dieser Welt aus gebrannten Ton bestehen kann, wo so viele herumlaufen, die aus weichem Ton geformt sind, braucht man sich nicht zu beklagen, wenn man zur harten Sorte gehört.

Die Bauern dieser Dörfer, von Deyá und den anderen, sind aus gutem Teig.

Dies ist so sehr der Fall, dass wir während all dieser Jahre, die wir auf der Goldenen Insel weilen, sie niemals haben klagen hören. Dass sie sich nicht beklagen, ist bei den Bauern so etwas Aussergewöhnliches, dass man es *nicht* hören muss, um es zu glauben.

Der mallorcanische Bauer — wie die Frauen, die wir beim Marió kennengelernt haben — schafft so leise, ohne Übermass, Geschrei oder Stösse, dass man wahrlich meint, die Arbeit mache sich von selbst.

Hier hebt er einen Ackerrain, dort eine Mauer; diesseits sehen wir gepflügte Felder, jenseits geerntete Oliven und man meint, dass dies alles so natürlich wie das Spriessen der Pflanzen vor sich geht... durch das natürliche Wachstum. Man spricht nicht vom Schweiss und vom Brotverdienen. Die Arbeit wird ohne Anstrengung vollbracht, wie der Lauf des Lebens.

Die Arbeit wird vollbracht, und da diese Figuren so wenig verdienen, so ist es den Ersparnissen zuzuschreiben, oder den Obstgärtchen, oder irgend einem Wunder, das der Fremde nicht wissen kann, dass die Männer immer sauber herumgehen; die Frauen mit ihrem Mieder, *rebosillo* und kurzen Ärmeln, scheinen wie von einem Altar herabzutreten; die Kinder tragen Schuhe, seit sie das Alter der Vernunft erreicht haben. Soviele Jahre, wie wir schon auf Mallorca weilen, haben wir niemals, nicht einmal zufällig, jemand gesehen, der uns um ein Almosen gebeten hätte.

Einst erbte einer unserer Freunde fünfhundert *duros* [1] von einer mildtätigen Seele, damit er sie unter die Armen verteile.

Um zu wissen, wo er sie finden könnte, begab er sich zum Pfarrer, um mit ihm darüber zu sprechen.

Der Pfarrer sagte ihm:

«Was man als einen Armen bezeichnet, einen wahren Armen, der Almosen benötigt, wird schwer zu finden sein. Ich weiss von einigen, die Not leiden würden, wenn ihre Kinder sie nicht jahrelang ernährten. Wir haben einen Krüppel, der sich nicht zu helfen weiss, aber er wird von seinen Geschwistern gepflegt. Dann eine einfältige Frau, aber sie bekommt in einem Bauernhaus das Mittagessen, im anderen das Abendessen... Wenn sie nicht einen alten Mann finden, dem die ganze Familie gestorben ist, weiss ich nicht, wo sie einen Armen finden werden.»

Es fehlte nur noch, dass er ihm gesagt hätte:

«Wenn sie Arme finden wollen, durchsuchen sie das Dorf.»

---

1. Silbermünze, fünf Pesetas Wert.

Schliesslich fand er zwei Greise, die Not zu leiden schienen.

Der eine empörte sich und sagte, er sei noch rüstig, um arbeiten zu können. So kaufte man ihm von dem Teil, der ihm zustand ein Obstgärtchen, so gross wie ein Rosinenkasten, damit er sich darin zerstreuen sollte. Der andere nahm die Gabe an und sagte, er würde einen Teil davon einer armen Tochter schicken, die in Amerika verheiratet sei.

Natürlich, wenn niemand Not leidet, gibt es auch keine Meinungsverschiedenheiten; denn der Mangel — wie solche wissen, die schon ein wenig durch die Schule des Lebens gegangen sind — ist die Ursache der meisten Schwierigkeiten. So leben die Figürchen, wie man zu sagen pflegt, wie in einem Ölteich, und da sie weder zuviel Kälte noch Wärme haben, leben sie ohne hitzig zu werden.

Wir wissen von einem Arzt und einem Apotheker, die in einem solchen Dorf wohnten — damit man sieht, dass sie es nicht eilig haben — die aus Gründen der Systeme oder Heilungsmethoden so boshaft zueinander wurden, dass sie versprachen, sich beim nächsten Zusammentreffen gegenseitig Ohrfeigen zu erteilen.

In jenem Dorfe gab es fünf Gassen, die in einer Faust Platz finden würden. Es ist unmöglich, eine Runde durch das Dorf zu machen, ohne nicht sämtliche Einwohner zu sehen. Aber die beiden kamen sich acht Jahre nicht unter die Augen, nicht nur weil sie es vermieden, sondern weil sie tatsächlich keine Gelegenheit dazu fanden. Durch einen wunderbaren Zufall trafen sie niemals an der gleichen Stelle zusammen. Sie besuchten die gleichen Häuser, aber nie führte sie die Vorsehung zur gleichen Stunde hin. Vielleicht waren beide durchsichtig oder ein Engel beschützte sie.

Schliesslich, eines Tages war der Engel zerstreut oder der Arzt ging so oft zum Brunnen, bis er mit dem Apotheker brechen musste. So trafen sie sich und hielten folgendes Gespräch ab:

«Hören Sie, Arzt», sagte der eine. «Ich habe es nie eilig, wissen Sie? Aber wenn sich eines Tages die Gelegenheit bietet, werde ich ihnen solch einen Hieb mit einem Knüttel verabreichen, dass ihnen meine Heilmittel nicht mehr helfen werden.»

«Hüten sie sich vor mir», antwortete ihm der andere, «Hüten sie sich vor mir und erhitzen sie mich bitte nicht, denn ich habe es auch nicht eilig, und wenn ich sie wieder antreffe, werde ich ihnen einen Faustschlag erteilen, dass ihnen meine Hilfe nichts mehr nützen wird.»

Und sie hüten sich so sehr und haben soviel Achtung voreinander, dass sie seit vierzehn Jahren keine Gelegenheit mehr gefunden haben, denn sie haben sich nicht mehr wiedergesehen. Gott helfe ihnen, dass es nicht mehr dazu kommt, denn der Mensch bleibt immer Mensch und vielleicht bleibt es nicht bei den Versprechungen.

Aber dies sind Menschen mit einer Laufbahn, mit einem akademischen Titel. Es sind besondere Menschen, sie haben einen ausgeprägten Charakter. Wenn die «Krippenfiguren» ihre Leidenschaften haben, — obgleich sie aus gebrannter Tonerde sind, bleiben sie trotzdem etwas roh, — so äussern sie dieselben ohne Hemmungen und mit allem drum und dran.

Sie haben einen plastischen Satz, der ihre Haltung genau widerspiegelt.

Dieser Sazt heisst: «gut abschneiden».

Wir müssen dem freundlichen Leser erklären, was dies heisst «gut abschneiden».

Es bedeutet bei ihnen, die Dinge ohne Aufregung zu tun, mit Höflichkeit und mit Heiterkeit, mit Mass und guter Erziehung, aber ohne sie zu unterlassen.

Beispiele:

Es gibt einen, der das ihm geliehene Geld verprasst hat und verspürt — wie bei vielen anderen Dingen — keine Eile, es zurückzuerstatten. Die Rückgabe ist nicht wichtig, aber wenn der Gläubiger seinen Namenstag feiert, schickt er ihm einen Korb voller Feigen. Dies nennt man «gut abschneiden».

Ein verheirateter Mann empört sich aus gewissen Gründen, und keine Macht der Welt hindert ihn daran, seiner Frau eine Ohrfeige zu verabreichen. Es ist nicht wichtig, dass er seine Frau geschlagen hat, aber er «schneidet gut ab» und serviert ihr eine Tasse Brühe.

Eine Ziege dringt in einen Obstgarten ein und der Besitzer feuert einen Schuss auf sie ab und tötet sie, weil sie seinen Salat gefressen hat. Er «schneidet gut ab», weil er sie getötet hat, aber er würde nicht «gut abschneiden», wenn er dem Besitzer der Ziege keinen Schenkel des Tieres schicken würde.

«Gut abschneiden» bedeutet Grossherzigkeit, es ist die Formalität des Bauern oder bukolische Ritterlichkeit und dient als Beweis für die guten Gefühle, die diese Krippenfiguren unter der gebrannten Tonerde hegen.

Um diese Gefühle zu verstehen, muss man sehen, wie sie tanzen, denn der Tanz ist die Gelegenheit, bei der man die Menschen am besten kennenlernen kann.

Der Tanz ist fast überall eine Art Angriff des Männlichen auf die Gegenpartei, oder eine passive Versuchung der Frau dem Tänzer gegenüber. Aber der Tanz dieser Bauern ist so rücksichtsvoll, so anständig und respektvoll dem Partner gegenüber, dass sie selbst vor der Heiligen Jungfrau in einer liturgischen Feierlichkeit tanzen könnten, ohne dass die Unbefleckte ihre Augen zu senken hätte.

Sie stellen sich gegenüber, der Mann springt, dreht sich und folgt der Tänzerin ohne einen Faden ihrer Kleider zu berühren. Die Partnerin versteckt ihren Tanzschritt, als ob sie keine Füsse hätte, und behält in ihrem Innern alle Geheimnisse der Form. Sie tanzt mit solch einer Zurückhaltung — fast würde man es Frömmigkeit nennen — dass es keinen Tanz gibt, der mystischer ist als dieser, und wo die Figuren krippenähnlicher sind.

Aber dies bedeutet nicht, dass die Bauern keine Leidenschaften haben. Natürlich können sie leidenschaftlich sein! Wenn man die Kinder wie Trauben oder besser wie Eidechsen aus allen Ecken kriechen sieht, muss man annehmen, dass sie leidenschaftlich sein können. Wo man eine Frucht sieht, hat es eine Blüte gegeben. Aber sie äussern ihre Leidenschaft nicht in Versen, sondern in natürlicher Prosa. Sie verlieben sich, wenn die Zeit gekommen ist, blühen während der Blütezeit und tragen Früchte, wenn sie reif geworden sind, so wie die Bienen Honig sammeln und die Pflaumenbäume Pflaumen tragen.

Der mallorcanische Bauer lebt glücklich und zwar aus einem einzigen Grund: Er merkt nicht, dass er lebt. Zwar sagt ihm der Kandidat auf einem Sitz in der Regierung, dass er sich selbst betrügt; dass nur derjenige gut lebt, der sich dessen bewusst ist. Aber der Bauer schenkt ihm kein Gehör, sei es aus Instinkt, weil er sich mit anderen vergleicht, die weniger sind als er oder weil er sich mit dem zufrieden gibt, was er hat. Er hört zu jeder Stunde aus dem Munde des Parteisekretärs, dass man die Mittel hat, seinen Zustand zu verbessern, aber er will sich nicht verbessern lassen. Jener drängt so sehr und ist so zufrieden, dass, wenn die Wahlen stattfinden es dem Kanditaten recht wäre, wenn der Bauer etwas unglücklicher sein würde, sodass er — wie George Sand — ihn aus seinem Zustand befreien könnte.

Aber wehe dem Bauern, wenn man seinen Zustand verbessern will! Wir haben es bereits bei unserer grossen Romantikerin gesehen! Jede Verbesserung kostet ihn ein Paar *espandenyes!* Jede Stimme, die er abgeben muss, bedeutet Aufregung, und vor jeder Wahl muss er mit einem Freunde sprechen. Wie lächerlich ist es, dass er — um sich selber glücklich zu machen — zur Wahl getrieben werden muss, so wie man Vieh antreibt, und selbst noch als Schaf sich mit anderen streiten muss! Die Leute dieser Dörfer sind gut, ehrlich und vernünftig, sie arbeiten ohne Lärm, «schneiden gut ab» und sind bescheiden; sie sind zufrieden und nicht aufrührerisch; wenn sie traurig sind, jammern sie nicht; sie pflegen die Insel und bewässern sie, damit sie sich mit Früchten und Schönheit füllt. Warum zwingt man sie also zu wählen? Ist es nicht eine Wahl, wenn man die Erde verschönert? Wissen sie nicht, was sie wählen, wenn sie säeen und dann ernten? Kann der Abgeordnete etwa regnen lassen? Wird *er* die Kohlköpfe bewässern? Wird *er* vielleicht die Mühle antreiben?

Der Abgeordnete wird ihnen höchstens eine Landstrasse bauen lassen, die sie selber bezahlen müssen, und er wird ihnen die Menschenrechte geben. Aber die

Menschenrechte sind gewiss keine Bauernrechte, nicht etwa, weil der Bauer kein Mensch sei, sondern weil er es mehr ist als die anderen.

Jener Arzt, den wir mit dem Apotheker zusammen kennengelernt haben, besuchte einmal einen Kranken, neunzig Jahre alt, der im Sterben lag.

«Dieser Mensch stirbt, ohne krank zu sein», sagte der Arzt den Familienangehörigen. «Er wird sterben, obwohl er gesund ist!» wiederholte er verzweifelt.

Er hatte keine Krankheit und starb daran.

Er starb an jener Krankheit, die den Ärzten unbekannt ist. Er starb, weil er alt war oder weil er zuviel Jahre gelebt hatte. Da jedermann aus Ton besteht, schied er aus Altersschwäche hin, was in keinem Krankenhaus zu heilen ist. Dies passiert nur den gebrannten Tonfiguren, die es in einigen Krippendörfern auf gewissen Inseln gibt.

ZUGVÖGEL

Seit dem Besuch George Sands hat die Berühmtheit der Insel der Ruhe viele Freunde angezogen. Sei es wegen der Schönheit, dem Frühlingsduft oder wegen des krippenartigen Charakters, den wir im anderen Kapitel beschrieben haben, sind fast alle in Deyá gewesen.

Seit jener Zeit, wo ein fremdartig gekleideter Mensch oder jemand, der seltsame Dinge tat, die Bauern aus dem Häuschen brachte, hat sich viel geändert. Viele sonderbare Menschen sind über diese Pfade gegangen; typische Gestalten aus allen Ländern sind hier gewesen, und man hat solch originelle Persönlichkeiten gesehen, dass man an dem Punkt angelangt ist, wo ein Fremder nicht geachtet und nicht respektiert wird, wenn er sich nicht durch eine exotische Absonderlichkeit auszeichnet.

Die Helligkeit dieser Insel Mallorca ist wie die gewisser Lichter, die nur desondere Arten von Schmetterlingen anziehen. Wenn sie also jemand sammeln und in einem Glaskasten aufstecken will, der findet genügend Arbeit vor.

Wenn wir nur diejenigen nehmen würden, die wir selber kennengelernt haben, könnte man einen schönen Rahmen damit füllen. Angefangen mit Gelehrten, Archäologen, Astrologen, Malern — hauptsächlich Maler — Kräutersammlern und Meteorologen, — es gibt keinen Beruf, der nicht durch Deyá gezogen ist. Pere Mosso, der Gastwirt, hat mehr Essensarten gesehen, als es auf der

Arche Noahs gab und hat mehr Sprachen nicht verstanden, als es dereinst beim Turm von Babel gab, der damals soviel Aufsehen erregte.

Der erste unserer Sammlung, an den wir uns erinnern, war ein deutscher Philologe.

Er war grossgewachsen, etwas alt, trug einen langen Bart und ging stets, Sommer und Winter, mit einem Drillichanzug bekleidet.

Da die Philologie so eine spitzfindige Wissenschaft ist, wo es bei der Feststellung einer Etymologie mehr Meinungsverschiedenheiten und Geschrei gibt als bei einer dogmatischen Angelegenheit, so wurde der Deutsche, der ein heftiges Temperament besass, so hitzig, dass er sich nach einem Wasserfall in Deyá begab, sich entkleidete und eine Dusche nahm.

Die Dusche erweckte seinen Appetit, und da er seit Jahren nichts als Truthahn ass, machte er sich sogleich auf den Weg, um ein Dutzend dieser Tiere zu kaufen. Er trieb sie mit einem Stock auf der Landstrasse an und wenn er Hunger verspürte, tötete er eins davon, hing es auf, schnitt eine Scheibe ab und briet sie. Als er alle Tiere verzehrt hatte, ging er wieder auf den Markt, dann zum Duschen, — und weiter ging es mit der Mischung von Truthähnen und Philologie.

Er ass soviele und duschte sich so oft, dass er wahrscheinlich an einer etymologischen Truthahntherapie gestorben ist.

So ein Mensch vermag eine ganze Ortschaft in Aufregung zu versetzen. Aber Deyá ist eine «Krippe» und man hat dort noch schlimmere Exemplare gesehen.

Eines Tages kam ein Ehepaar an. Sie stammten aus dem Norden und waren Symbolisten. Der Symbolismus bedeutete in jenen Tagen, sich in der Kleidung nach keinem Modeblatt und keinem Brauch zu richten.

Er, das Männchen, trug wie unser Herr von Schweden einen Haarwuchs, der ihm bis über die Schultern reichte, eine breite Halskrause ohne Radmantel, die etwas tiefer reichte und so eine kurze Jacke, dass sie nicht bis hinunter reichte, sondern auf halbem Wege stecken blieb. Was das Weibchen anbetrifft, war es damals Modevorschrift — nach dem Rat Ruskins und seiner vier Freunde, — dass alle intelligenten Frauen den weiblichen Figuren Boticellis ähnlich sehen müssten. So trug sie eine Menge Perlen auf der Stirne, Löckchen vor den Ohren und so wenig Wäsche hier vorne und in der Umgebung des Herzens, dass man wohl sah, dass es eine Frau war, aber es wäre besser gewesen, wenn man es nicht gesehen hätte.

Dieses Paar schrieb in Zusammenarbeit Verse, und niemand verstand, warum sie sich für das Verseschmieden verkleiden mussten. Aber die Einwohner von Deyá, die für Verse wenig übrig haben und, obwohl sie das Fleisch des sich duschenden Deutschen nicht erschrokken hatte, bekamen doch vom Anblick des Fleisches der dekadenten Dichterin zuviel. So liessen sie es das Paar mit guten Worten wissen, dass, wenn die Frau ihre Kleidung nicht ändern würde, vielleicht ein Stein dagegen fliegen würde.

Nach diesen kamen die Maler. Die unsrigen, Sebastián Junyent und Mir, der Belgier Degouvé, und Marius Michel nebst Bernaregge, Quirós und noch ein anderer Argentinier. Wenn sie auch alle gute und liebenswürdige Menschen waren, so konnten die Dorfbewohner sie auf der anderen Seite doch nicht als friedliche Naturen bezeichnen. Degouvé malte unten am Meeresufer Ungeheuer und Eidechsen, die so vom Natürlichen abwichen, dass sie die Kinder erschreckten, und vielleicht hat deshalb mehr als eine Frau von Deyá in ihren Wehen ein Missgeburt zur Welt gebracht. Quirós und Bernaregge gingen nachts mit einer Lampe aus und, anstatt Schnecken zu suchen, malten sie den Mond, und wer den Mond malt, wird grillenhaft. Mir, der liebenswürdige Mir, obwohl er keine seltsamen Dinge malte, so sah man ihn doch von einer Stelle zur anderen eilen, beladen mit einer Fülle von Leinwand, hier herauf, dort hinunter, und rannte in den Bergen wie eine aufgescheuchte Ziege herum, sodass er ebenfalls keinen beruhigenden Eindruck erweckte. Und Sebastián Junyent schrie, machte Lärm und floss vor Heiterkeit über. Einigen schien es zuviel und anderen zu wenig, aber nicht natürlich. Es wirkte wie ein Irrenhaus, dessen Insassen man in jenen Bergen losgelassen hatte.

Wenn Deyá kein Krippendorf wäre, voll guter Menschen, so würde man sich gegenseitig die Köpfe eingeschlagen haben. Man kann Maler sein, aber nicht im Übermass. Sich auf diese Weise eines Dorfes bemächtigen, das niemandem etwas zu Leide getan hat, und es so missbrauchen, weil es schön ist, — das steht in keiner Ästhetik geschrieben.

Aber alle waren nicht so. Der Maler Terrassa zum Beispiel, den Freund, den wir so sehr vermissen, war nicht nur ernst und schweigsam, sondern er entfernte sich von der Überlieferung — nur zu wahr! — dass die Kunst und die Sauberkeit nichts miteinander gemein haben. Er war so sauber, dass er alleine für die ganze Zunft Ehre einlegte.

Stellt euch vor, er war so sauber, dass er aus Furcht, er könnte den Pinsel beschmutzen, kaum zu malen wagte. Bevor er sich auf einen Stuhl setzte, putzte er den Sitz mit dem Taschentuch. Wenn ein Schmutzfleck auf seinen Anzug geriet, rannte er zur Reinigungsanstalt wie jemand, der die Hebamme holen muss. Wenn er von der Tür zur Kutsche ging, legte er einen Pfad aus Zeitungen hin, um die Schuhe nicht zu beschmutzen. Er liebte die Einsamkeit so sehr und war so vorsichtig, dass einmal, als beim Malen eine Ziege hinter ihm aus einem Ackerrain auftauchte und er sich also nicht mehr einsam fühlte, er seinen Kasten schloss, seine Sachen zusammenräumte und von der Stelle floh, indem er den Lärm und das Getöse verwünschte.

Aber in diesem Winkel von Deyá hiessen nicht alle Terrassa. Einmal war ein Engländer dort mit einem Handkoffer und zwei Fässchen Bier, und niemand sah ihn aus seinem Zimmer kommen bevor er mit dem Bier abgerechnet hatte. Dann kam einmal ein Schwede, der ein halbes Jahr lang von Fischkonserven lebte und in dieser Weise noch längere Zeit weitermachte. Ein anderes Mal war ein Naturforscher dort, der Pilze sammelte, und während er sie suchte, stürzte dem kalifornischen Erdbeben zufolge sein Haus ein. Er verlor keinen Augenblick die Ruhe und begab sich am selben Nachmittag wieder ans Pilzesuchen, denn es war ihm gleich, ob die ganze Welt zusammenfiel. Dann sahen wir einen griechischen Kräutersammler, der die Geschlechter der Pflanzen ermittelte und der in der Ungewissheit darüber, ob eine Blume männlich oder weiblich war, Essen und Schlaf vergass und durch das Hämmern seiner Kästchen die Nachbaren auch nicht schlafen liess. Soviel seltsame

Menschen sind dort gewesen, dass uns die arme Insel wie ein Versuchsfeld der Abnormitäten der Welt erscheint.

Der Gipfelpunkt aber war die Sonnenfinsternis.

Es fehlte nur noch eine Sonnenfinsternis, um das Ganze in eine Apotheose zu verwandeln. Es kamen soviel Wissenschaftler an, um zu sehen, wie die Sonne sich eine halbe Minute verdunkelte, dass ihre Zahl ins Unglaubliche reichte. Es ist kaum möglich, dass es soviel Wissenschaftler auf der Welt gibt. Kein einziger fehlte. Noch mehr kamen an. Aus allen Arten Sternwarten hatte man sie hierher gesandt und alle brachten ihre Familien mit. Und da alle diese Leute nur nachts ausgehen, hatten sie keine geeignete Tageskleidung, und so konnte man Unmengen von Gehröcken sehen, die nach Kampfer rochen, Zylinder aus der Zeit der letzten Sonnenfinsternis und Sonnenbrillen aller Arten! Die Strassen Deyás sahen aus wie der Haupthof der Akademie der Wissenschaften an einem Gründonnerstag Nachmittag. Kahlköpfige, Männer mit gewaltigen Mähnen, traurige Figuren und — das traurigste Bild eines Wissenschaftlers — sogar junge Leute. Wenn es in jenem Augenblick ein Erdbeben gegeben hätte, wäre die Welt ohne Wissenschaft geblieben.

Aber die Sterne wären in Deyá trotzdem zur gewöhnlichen Stunde erschienen und vielleicht noch etwas früher.

Alle diese Zugvögel stören den Frieden in Deyá nicht.

Die «Krippe» bleibt an der gleichen Stelle und die Insel ist immer die heilige Insel der Ruhe.

DIE KLEINEN BUCHTEN

Was der «Krippe» Deyá viel Ruf eingebracht hat sind die kleinen Einbuchtungen, die das Meer beim Zernagen der Felsen geformt hat.

Es gibt viele ältere Leute, die traurigerweise von der Erdkunde keine Ahnung haben und sich vorstellen, dass eine Insel nicht nur auf allen Seiten von Wasser umgeben ist, sondern auch rund sein muss wie eine schwimmende Orange oder *ensaimada*.

Meine Herren, dies ist ein Irrtum! Man muss es laut und vernehmlich sagen — die Stenografen mögen es bitte notieren — dass die Inseln nicht rund sind. Wir sind einverstanden damit, dass das Wasser sie auf allen Seiten umgibt — wir können es urkundlich beweisen —, aber es fehlt viel bis zur Rundheit.

Die Inseln steigen aus dem Meer empor dort wo es ihnen beliebt. Neben ihrer natürlichen Form besitzen sie geologische Freiheit. Aber da das Meer ein Unterdrücker ist, stöbert, bohrt und nagt es überall, um sein Reich zu vergrössern. Dieser Kampf zwischen den Elementen ist so titanisch, dass er für den, dessen Interessen hier nicht im Spiele stehen, etwas Sehenswürdiges ist.

Diese Höhlen und Einbuchtungen, die das Meer bildet, um allmählich in die Erde einzudringen, werden von den Seekundigen *calas* genannt, und die von Deyá sind so geheimnisvoll, dass es wohl die Mühe wert ist, hinabzusteigen, um ihr friedliches Eindringen zu geniessen.

Das erste, was man sieht, wenn man sich in der Nähe befindet, ist, dass das Wasser den Angriff führt. Die Felsen erwarten gleichmütig den Angriff mit einem wahrhaftig steinernen Herzen. Die Wellen folgen dicht aufeinander und prallen an den Felsen ab, die sie mit einem Sprudel erledigen. Dann wirbelt sich das Wasser wieder zusammen, zieht sich etwas zurück und wirft sich mit erneuter Wucht und Zerstäubung dagegen. Da es sich um einen Felsen handelt, kann er den gewaltigen Wassermengen widerstehen, aber das Wasser dringt in einen Spalt ein und kommt aus einem anderen wieder heraus. Doch dem Meer, da es die arbeitende Masse ist, dämmert es schliesslich, dass es zu müde würde. Da es mehr Stunden arbeitet, als es Lohn dafür empfängt, wird es grün — und wenn es die meergrüne Farbe angenommen hat... ruht es sich aus.

In diesen Augenblicken der Ruhe wird es so durchsichtig, dass man es nicht für möglich hält. Soviel Geschrei, soviel Geheul, soviel Aufruhr, und unten auf dem Sand des Meerbodens weiss niemand etwas davon und keine Muschel ist rissig geworden. Durch das Glas des Wassers kann man sehen, wie die Fische ihres Weges ziehen. Sie weiden zwischen den Algen, als ob nichts passiert wäre. Die Medusen steigen auf und ab wie Flugzeuge des Wassers; die Wasserpflanzen bewegen sich wellenartig, die Kieselsteine glänzen; eine silberne Welle begleitet die Fischlein und lehrt sie schwimmen; ein Tintenfisch gähnt, ein Meeraal steht Wache und dort drunten an einem Höhleneingang geniesst ein Seebarsch die frische Luft, wie ein Bürger auf seinem Sommersitz.

Wenn die Ruhe lange genug gedauert hat, geht es wieder los. Möge der Wind aus dem Norden oder Süden, dem Osten oder Westen kommen, — das Meer findet immer einen Vorwand, um die Arbeit wieder zu beginnen. Es fängt zu tosen und zu toben an und geht wieder zum Angriff über.

Obgleich die Felsen so fest sind wie ihr Name sagt, so dauert doch der Kampf mit dem Wasser so lange, bis es allmählich Löcher hineinbohrt und aus den Löchern werden langsam Höhlen, und überall sind die Höhlen von Zauber und Phantasie umgeben. Man versichert, dass dort drinnen die Meerweiber aus einigen Algen und Korallen ihre Nester bauen und man hat leere Muschelschalen gefunden, woraus die kleinen Wasserweibchen gegessen haben. Man sagt, dass dort in der Dunkelheit schöne Feen wohnen mit so grossen und blauen Augen und so roten Lippen, die so zarte Gesänge singen, dass, wenn ein Mann sie sieht, er rettungslos verloren ist. Es gibt Habsüchtige, die den Verdacht hegen, dass es dort versteckte Schätze gibt, die keine Zinsen bringen. Es hat sie niemand gesehen, denn am Eingang befindet sich ein Wächter, halb Fisch, halb Drachen und... (es folgt keine weitere Hälfte), der wie ein verschuldeter Pförtner alle hinmäht, die sich nähern. Schliesslich gibt es einen Geistlichen, der mallorcanische Erzählungen schreibt und uns versichert, dass jene Höhlen — Gott behüte uns davor — direkt ins Büro des Mephisto führen.

Wir bezweifeln es, aber wir zweifeln nicht daran, dass, wenn jener Futurismus kommt — nicht der falsche von Marinetti, sondern der echte von Alomar — das Meer soviel Wellen hin- und hergesandt haben wird, dass die heldenhaften Felsen nicht mehr widerstehen können. Die Insel wird ganz unterhöhlt werden und so wird sie eines Tages bei günstigem Winde nach Katalonien schwimmen. Dort wird man sie empfangen wie sie es verdient, mit soviel erhobenen Armen wie es dort gibt, und dem Ruf «Mäher!» wird man mit «Fischer!» antworten, sodass das übriggebliebene Stück erbeben wird.

Aber das Meer arbeitet nicht nur in Deyá, sondern an allen Küsten der Insel. Von Dragonera bis Kap Formentor und von dort bis Alcudia geht die Arbeit langsam, aber ohne Unterbrechung vor sich. Die Mutter Natur ist so beharrlich, dass sie ihre Unternehmungen nicht unterbricht, bis sie zu Ende geführt worden sind. Es gibt genug steile Klüfte zum Unterhöhlen und solche Abgründe, dass man bei ihrem Anblick Schwindelanfälle bekommt, aber das Meer wird nicht schwindelig. Jeder Tropfen Wasser verübt seine Tätigkeit, und wenn es sich anstatt Wassertropfen um Wellen handelt, die sagen: «Es kommt uns nicht auf tausend Jahrhunderte an», so gibt es keine Insel, die kräftig genug ist, um zu widerstehen, so ruhig sie auch sein mag.

Machmal fällt vom Gipfel der Klüfte ein Stein herab. Es ist eigentlich nur ein Steinchen und das Meer merkt es gar nicht. Es ist ein *Tropfen* Erde, der nicht einmal die vorbeischwimmenden Fische aus ihrer Bahn bringt. Aber wenn der Stein auch klein ist, so war es immerhin ein Stück Mallorcas, das die Insel nicht mehr zurückholen kann. In der gewaltigen, faltenreichen Breite der Felsenklüfte sieht man eine offene Wunde, aus der Bergblut entströmt. Der Berg bemerkt es kaum, aber die Insel ist verwundet und die Zeit wird sie nicht heilen. Am Fusse der Sturzbäche gibt es Steingeröll, den man am Strand ausgestreut hat. Diese Steine sind überflüssig, aber das Meer gibt keinen einzigen davon zurück und sein Bauch ist so ungeheuerlich gross, dass er Hunderte von Inseln in sich aufnehmen kann. Man braucht kein Prophet und nicht einmal ein Heiliger wie Sankt Vicente Ferrer zu sein, um die Prophezeiung auszusprechen: Die Insel wird ein übles Ende haben.

Es ist traurig, wenn man dies den Mallorcanern sagen muss, aber es ist besser, wenn sie sich in Ruhe, beizeiten und in Ergebenheit darauf vorbereiten und ihre Sächelchen regeln; denn in einigen Millionen Jahren wird die Erdkunde wechseln, von der wir am Anfang gesprochen haben und diese *cala* von Deyá mit ihrem Mitschuldigen, dem Steingeröll, wird zum Zusammenbruch beigetragen haben.

Indessen geniessen wir das schöne Schauspiel, und unsere Nachkommen werden sich schon mit der veränderten Lage zurechtfinden. Der Anblick dieser unaufhörlichen Bewegung und der Dickköpfigkeit der sogenannten Elemente ist etwas Wunderbares. Das Meer ist grausam, aber gleichzeitig schön und erhaben. Mallorca wird zernagt, aber mit Würde. Das Wasser nagt rücksichtslos an einem Stückchen dieses Planeten, das man den Bewohnern der anderen Planeten zeigen könnte, wenn sie uns besuchen würden. Aber es wachsen Korallen, Algen und Muscheln darin und jene blaue Farbe, die wir so oft erwähnt haben und noch öfters erwähnen werden, bevor wir an der letzten Seite des Buches angelangt sind.

Wir müssen noch hinzufügen, dass ausser den Muscheln dort auch die Maler von Seestücken gedeihen, aber in dieser Unermesslichkeit stören sie nicht.

DAS TAL DER ORANGENBÄUME

Wenn man im Frühling von Deyá nach Soller fährt und oben am Pass ankommt, so merkt man, wie sich aus der Tiefe des Tales der Duft der Orangen erhebt.

Die Strasse dreht sich in Windungen nach oben. Wenn man die letzte erreicht, so ist es, als ob jemand uns sagen würde: «Öffnet euer Herz», und es strömt uns ein Blumenduft entgegen, der alle Sinne betäubt.

Von oben bis unten, von Fern bis Nah, von der Ebene bis zu den Bergen breitet sich vor unseren Augen wie ein wunderbares Geschenk ein riesiger Korb voller Orangenbäumen aus.

Grosse und kleine, dunkelgrüne und kobaltfarbige: Wohin sich das Auge wendet, sieht man nichts als grüne Punkte, mit dunklen Blättern und weissen Blumen. Die Häuser, Zäune, Bauernhäuser und Wege werden von ihnen überschwemmt.

Die Stadt Sóller ist wie ein Schmuckkasten, ein Kelch oder eine Kapelle, wo man den Schatz dieser Bäume aufbewahrt.

Wenn du eine Vorstellung von diesem Tal haben willst, so schliesse einen Augenblick die Augen und denke an ein grünes Land, während du Orangenduft einatmest oder eine Apfelsine verzehrst.

Sóller hat einen guten Marktplatz, schöne und saubere Häuser wie alle auf Mallorca; Höfe mit Blumentöpfen und Säulen; eine grosse Kirche, gut gepflegte

Strassen; aber alles wird von den Orangenbäumen beherrscht. Das Ganze dient lediglich als Rahmen, um die Früchte hervorzuheben.

Deshalb ist diese Frucht — man weiss nicht, ob es eine Frucht oder eine Blume ist — so eng mit dem Namen Sóllers verbunden.

Wenn du im Ausland einen Laden mit Orangen siehst, geh hinein und sage:

«*Bon dia tenga*»

Und aus dem Inneren wird ein Solleraner herauskommen, der dich mit einem Kauderwelsch aus Mallorcanisch und der Landessprache begrüssen wird. Er wird dir einen Korb voller runder, goldener Orangen anbieten, dich fragen, ob du von seiner Insel kommst, und wenn deine Antwort bejahend ist, wird er dich nicht loslassen. Er wird deine Taschen mit Früchten seines Tales füllen, dass du ein Monat später noch danach duften wirst.

Es scheint so, als ob die Aufgabe der Söhne Sóllers darin bestünde, ihre leuchtenden Kugeln in die nebligen Länder zu verfrachten. Wenn sie sechzehn Jahre alt sind, gehen sie alle fort, zunächst mit einem kleinen Karren, dann eröffnen sie einen kleinen Laden und schliesslich ein grosses Geschäft in Ländern wie Frankreich, England, Schweden, Russland, in Nordeuropa oder in Amerika. Wo sie hingehen, folgt ihnen die Helligkeit der Insel.

Wenn man in den von Schlamm und Rauch geschwärzten und schmutzigen, farb- und freudlosen Strassen von Paris einen Laden mit Orangen sieht, so macht das Herz einen Sprung, als ob es sagen würde: «Gott sei Dank! Wir sind schon zu Hause!»

In den düsteren Gasthäusern, wo die Armen ihr

Essen wie Hunde aufgetischt bekommen, machen sie am Tage, wo sie eine Apfelsine sehen, ganz grosse Augen und bilden sich ein, dass sie ein wenig die Sonne geniessen.

Die Bräute in anderen Ländern sind es nur halb, denn sie können ihr Haar nicht mit Orangenblüten, dem Symbol der Liebe, der Änstandigkeit und Freude, zieren. Dies alles, Wärme und Freude, Sonnenlicht und Farbe, wird von denen verteilt, die ausrufen: «Orangen! Orangen aus Sóller!»

Vielleicht denken wir: Warum wandern sie aus und verlassen diesen ewigen Frühling, wo sie so schönes Obst und Gärten haben, in dessen Schatten die Hesperiden geträumt hatten, und goldene Früchte unter den Fenstern?

Dies ist sehr leicht zu beantworten:

Wenn sie nicht auswandern würden, hätten sie dies alles nicht.

Um einen Orangengarten zu besitzen, muss man ihn zuerst erobern. Sie müssen als Pilger wandern, um für den Ruhm Sóllers zu werben. Sie müssen zuerst durch die Busse des Heimwehs, den Schmerz der Arbeit und durch die Qual der Entfernung gegangen sein, um sich ihres Besitztums würdig zu erweisen. Andernfalls würden die Gärten den Adligen gehören, die aus Faulheit die Früchte nicht pflücken oder sie ihren Dienern überlassen. In beiden Fällen verfaulen sie am Baume anstatt — wie Ramón Llull die Ideen — die Essenz der Insel Mallorca auf der ganzen Welt zu verbreiten.

Sie leiden Heimweh um das Recht zu erwerben, in ihrem Alter einen Orangengarten zu besitzen. Wir können es bestätigen, denn wir haben es selber gesehen.

In jenem Kessel des Hafens von Buenos Aires, wo die Auswanderer ausgesucht werden, waren wir eines Tages zufällig Zeugen der Ankunft einer Anzahl Solleraner.

Sie wurden sogleich angeworben, denn die Weissfleischhändler sagen, dass die Männer Mallorcas sehr geduldig sind und nicht protestieren, wenn sie die Erde bebauen müssen. Sie gingen traurig und mit gesenktem Kopf dahin, so dass wir annahmen, dass jener, der Freude verkauft, nicht immer froh ist.

Der Boden, den sie bearbeiten mussten, war nicht der von Sóller sondern der von der Pampa, einer öden Ebene, ohne den Trost eines einzigen Baumes, ohne Gärtchen und ohne Bach. Es gibt keine Gegend auf der Erde, die in grösserem Gegensatz zu ihrem eigenen Land stehen könnte.

Es gibt dort keine Orangenbäume. Überall glattes Land, soweit das Auge blickt. Wenn sie in ihrer Seele die Hoffnung nicht besässen, eines Tages nach Hause zurückzukehren, einen Garten zu kaufen und alle Illusionen darin zu pflanzen, würden sie dort unten in einer Ecke der *rancho* sterben.

Eines Tages assen wir mit einigen Solleraner zu Mittag. Alle, mit Ausnahme des Verfassers und des Schauspielers Borrás, waren auf dieser Insel geboren. Das Mahl war etwas feierlich. Man ass in grossen Mengen nach amerikanischer Art und nach dem Gesang der *Sibille* brachte man die Nachspeise. Es waren Orangen. Der blosse Anblick ihrer Landesfrucht genügte, um in lautes Rufen und Schreien auszubrechen, als ob sich vor ihren Augen ein Fenster geöffnet hätte, von dem man Vinaraix betrachten könnte. Die Rührung war so gross, dass mehr als einer seine Apfelsine mit Tränen ass.

Aber auf dieser Welt ist nicht alles Pampa. Wer «Orangen aus Sóller!» rufen kann, hat schon viel fürs Leben gewonnen, denn im Rufen findet er bereits Trost. Die Apfelsine erinnert ihn ans Elternhaus, an Fornalutx, an Vinaraix, an die Schlucht, an den Hafen. Wenn von seiner *Roqueta* ein Schiff voller Apfelsinen ankommt, meint er, dass er einen Brief bekommen hat, denn schon an der Farbe der Früchte kann er erkennen, ob die Eltern gesund sind, ob das Wetter kalt oder warm war, oder ob Not oder Reichtum vorherrschen.

Die Apfelsine Sóllers ist alles. Sie zeigt das Wetter, das Leben und den Wohlstand eines Volkes an.

Ich weiss nicht, wie das Wappenbild der Stadt Sóller aussieht, aber ich stelle es mir folgendermassen vor: Ein blaues Feld über sechs Orangen, mit einer Grafenkrone aus Bergketten.

Die Apfelsine ist Leben oder Tod. Sie ist das Geld zum Heiraten, für die Kindstaufe, zum Sterben und zum Feiern des Sankt Bartholomäus-Festes. Sie ist das Atmen des Tales, der Geist dieses Landes, Wir sind sicher, — wenn in der Fremde ein Solleraner sterben würde, der ausgewandert ist, um Apfelsinen zu verkaufen, auf seinem Grab ein Orangenbaum wachsen müsste.

Und was tun sie, wenn sie nach soviel Jahren Heimweh wieder in ihr Dorf zurückkehren?

Dies werden wir im nächsten Kapitel vernehmen.

SA BOTIGUETA

Wenn sie nach Sóller zurückkommen, ruhen sie sich zuerst eine Zeitlang aus. Dann gehen sie in die Obstgärten, betrachten die Apfelsinenbäume und... ruhen sich wieder aus. Sie machen eine Runde um den Marktplatz und suchen ihre alten Freunde auf, die zu Hause ruhen. Sie gehen in den Garten, wo sie als Kinder gespielt haben und... ruhen sich abermals aus. Sie bauen sich ein Haus, suchen nach Wasser und wenn sie es gefunden haben... ruhen sie sich wiederum aus. Sie heiraten und... ruhen sich nochmals aus.

Sie haben es wahrlich verdient. Wer diese Welt fünfzehn, zwanzig, dreissig oder vierzig Jahre bereist hat und sich dann nicht ausruht, der tut es nicht, weil er nicht in der Lage dazu ist. Und derjenige, der in die Fremde gewandert ist, aber zurückgeschaut hat, um zu seinem Ausgangspunkt zurückzukehren — wenn dieser es nicht tun kann, so ist das so etwas Trauriges, dass es besser gewesen wäre, wenn er seine Heimat nie verlassen hätte.

Sie ruhen sich also aus und tun gut daran. Es gibt soviele, die diese Arbeit verüben, dass sie ein Lokal gemietet haben um es gemeinschaftlich zu tun. Sei es, weil es im Erdgeschoss liegt, oder in Erinnerung an jene Zeiten, wo sie Orangen verkauften, nennen sie es «*Sa botigueta*» [1].

1. Der kleine Laden.

Dieses Kasino oder kleine Laden liegt, wie wir bereits gesagt haben, auf ebener Erde, damit die Mitglieder keine Treppen zu steigen brauchen. Es ist ein geräumiger Saal, damit alle Mitglieder darin Platz finden, mit Sofas an den Wänden, damit sie es sich bequem machen können. Mitten im grossen Saal befindet sich ein Tisch mit Zeitschriften, damit diejenigen sich daran austoben können, die noch Lust verspüren, zu erfahren, was auf der Welt vor sich geht. Dann noch einige Tische, wo man sich zum Kartenspiel hinsetzen kann und noch mehr Sofas.

Auf der Strassenseite befindet sich der Glockenturm und wer nicht weiss, wie er die Zeit verbringen kann, hört einfach dem Schlag der Glocken zu. Das Läuten nimmt kein Ende. Wir haben in den Dörfern beobachtet, dass — auf der gleichen Weise wie dort immer der Mond scheint, gleichgültig ob der Kalender es vorschreibt oder nicht — so schlagen die Glocken, ob es Zeit ist oder nicht, einmal die Viertelstunden, dann die Viertel von den Vierstelstunden, und hören gar nicht mehr auf. Jede Stunde wird von der nächsten verfolgt. Manchmal springen die Federn und die Uhrwerke schlagen ohne Unterbrechung. Vielleicht ist es aber so, dass, je weniger Arbeit man hat, umso mehr hört man sie zu jeder Stunde schlagen.

Die Mitglieder von *Sa botigueta* hören sie alle schlagen, und noch mehr, wenn sie öfters schlagen würde. Sie gewöhnen sich so daran, dass sie schlafen, während die Glocken schlagen und wachen jäh auf, wenn das Schlagen aufhört.

Wenn sie aufwachen, unterhalten sie sich. Sie sprechen von *dort*, von den Zeiten der Arbeit, den Wegen, der Hinfahrt, den besuchten Städten und der Jugend, die nicht mehr wiederkehrt. Da alle im Hause durch die gleichen Gegenden gekommen sind, und die gleichen Sorgen und Illusionen gehabt haben, so verstehen sie sich bereits mit halben Worten.

«Erinnerst du dich?» erklärt alles. «Dort unten» bedeutet eine ganze Landkarte; «damals» eine vollständige Epoche. Die Fremdsprachen haben ihnen die Zunge verdreht und so mischen die Amerikaner die Sprache der Gauchos mit dem Dialekt von Sóller und die Franzosen ebenfalls.

«*Bon jour tenga*», sagt der aus Nimes.

«*Cómo le va?*», fragt der aus La Plata.

«Das Wetter hat mich *bouleversiert*», antwortet der Mann aus Perpignan.

Und der eine aus Tucumán fügt hinzu:

«Das ist die Gicht der *macanas!* Wir sind keine *allots* mehr, *amigaso!*»

So reden sie, aber wenig. Ihre Aufgabe besteht darin, das Buch ihres Lebens zu durchblättern, das fast in allen Fällen das gleiche gewesen ist: Arbeiten und noch mehr arbeiten, mit den Augen der Heimat zugewandt. Manchmal hustet einer. Dieser Husten hat seinen Ursprung drüben in Übersee, in den Nächten am Paraná oder im Winde der Pampa. Ein anderer sezt sich in die Sonne und geniesst die Mengen davon, die ihm in Britannien oder Russland fehlten. Manche führen Selbstgespräche, als ob sie ganz alleine wären. Es sind diejenigen, die Apfelsinen in Ländern verkauft haben, wo niemand gewesen ist, und da die anderen nicht dort gewesen sind, verstehen sie es nicht und hören deshalb nicht zu. An den Wänden hängen einige Landkarten, auf denen einige

Stellen wie Südamerika von den Fingerabdrücken gelblich geworden sind.

Aber es kommt der feierliche Augenblick, wo die dortige Uhr eine gewisse Stunde schlägt. Man weiss nicht, ob die Alten sie besonders verstehen, oder ob sie lauter schlägt, oder weil sie verschieden tönt; auf jeden Fall erhebt sich einer nach dem anderen und alle gehen ihre Suppe löffeln.

Sie essen zu Mittag oder zu Abend, aber nach einer Stunde sind sie wieder in *Sa botigueta.*

Wo würden sie hingehen, wenn es dieses Lokal nicht gäbe? Das Feld ist schön, aber sie haben es schon so oft gesehen! Das Tal ist voller Apfelsinen, aber sie kennen sie so sehr und haben solche Mengen davon verkauft! Ganz Sóller erscheint wie ein grosser Garten, aber wer hat Zeit für Gärten, wenn man sie besitzt? Sie hätten sie dort unten und in ihrer Jugendzeit haben müssen! Als sie sie *nicht* sahen, da verspürten sie Sehnsucht danach! Was sie jetzt nötig haben, ist für sich und mit sich zu leben, sich einander nähern, sich mit der Vergangenheit vereinigen. Sie treffen zusammen, nicht, um von den vergangen Dingen zu sprechen, denn sie kennen sie, sondern um sich zu verstehen ohne zu reden und um sich Gesellschaft zu leisten.

Sie kommen also morgens, nachmittags oder abends an und halten dort Mittagsschläfchen. Die Menschen, die tagsüber ruhen, können zu jeder Stunde ein Mittagsschläfchen halten. Die jungen Leute reden, schreien, diskutieren, aber je mehr die Alten reden hören, umso mehr schlafen sie. Die Gegenwart interessiert sie nicht. Vielleicht holen sie ihren versäumten Schlaf nach oder sie träumen im Halbschlaf von jenen Zeiten, die ihnen die Erinnerung wieder wachruft. Schliesslich stehen vier Männer auf, die gleichzeitig wach geworden sind, ohne dass die Glocke geschlagen hat, und begeben sich zum Tresillo-Spiel.

Niemand weiss, wer verliert, nicht einmal sie selber. Das Spiel hat lediglich die Bedeutung, Karten auf den Tisch zu werfen, als ob es Stunden wären. Der König bedeutet eine Viertelstunde, der Bube eine ganze Stunde, und das As einen ganzen Nachmittag. Wer gewinnt, hat die Zeit gewonnen und die anderen drei haben ihm Gesellschaft geleistet.

Dann ruhen sie sich aus oder kehren zu ihrer Ruhe zurück. Sie würden etwas zu sich nehmen, aber sie nehmen nichts... denn sie können nicht. Der eine hat einen Magen, der vom Kaffee gereizt wird. Der andere darf ihn nicht mit Zucker nehmen und ohne Zucker mag er ihn nicht; und derjenige, der Kaffee trinken könnte, trinkt keinen, weil er nicht daran gewöhnt ist. Jene Verkäufer von Gesundheit, Freude und Farbe haben auf ihren Wegen soviel davon verkauft, dass ihnen im Alter nichts mehr davon übrig geblieben ist.

Schliesslich stehen sie auf und gehen aufs Geratewohl aus. Man sieht sie auf dem Wege zum Hafen vorbeigehen, sich gegenseitig stützend. Bei jeder Akazie halten sie an, um schweigend ihren runden Schatten zu geniessen.

Dort sehen sie, wie die jungen Leute singend vorbeigehen, um sich einzuschiffen. Sie schreien und machen Lärm. Ihre Augen glänzen wie zwei Leuchtfeuer und der Kopf kocht ihnen wie ein Dampfkessel. Mit ihnen gehen die Karren voller Früchte mit Farben wie Kadmium, Gold, Feuer oder glühende Kohlen. Jede Orange spiegelt die Sonne wieder, als ob sie das Licht Sóllers mit sich nehmen wollte. Einige fallen auf den Boden, und die jungen Leute heben sie auf und — spielend wie kleine Kinder — werfen sie sie einigen Mädchen zu, die lachend vorbeiziehen. Sie schicken ihnen einen Kuss zu, der aber etwas traurig ankommt. Da lächeln schweigsam die alten Solleraner. Sie zögern, weil sie nicht genau wissen, wo sie hin wollen... wohin? wohin?... So kehren sie wieder nach *Sa botigueta* zurück.

Dort bleiben sie in einem so benommenen Zustand, dass, wenn man ihnen nicht das Licht anzündete, sie selber sich nicht darum kümmern würden.

Was machen sie, bevor sie ins Bett gehen? Sie ruhen in Frieden. Es gibt keinen besseren Ort auf der Welt zum Ruhen wie die Insel der Ruhe.

DER RUHIGE HAFEN

Vermutlich ist der ruhigste Ort auf dieser ruhigen Insel der glückliche Hafen von Sóller.

Ein Stückchen Ufer, eine Reihe Häuser, ein Hügel mit Pinien, eine Mauer aus hohen Zäunen — um das Wasser vor dem Winde zu schützen; — alles zusammen bildet den ruhigsten Hafen, den sich ein Kapitän wünschen kann, um hier das Alter zu verbringen.

Wenn man daran denkt, dass es soviele Häfen gibt, wo Dampfschiffe ein- und ausfahren, wo man ablädt, wo gehämmert wird, wo die Sirenen heulen als ob man ihnen auf den Propeller getreten hätte, und wo die Laternen soviel Farben haben, dass man schwindelig wird, — so vergleicht man sie mit Sóller und man wünscht, man wäre ebenfalls Kapitän, um dort das Alter zu verbringen.

Man erlaubt keiner Feluke die Einfahrt, wenn sie nicht ganz weiss und sauber ist. Wenn ein schmutziges Kohlenschiff ankommt, wird es in Quarantäne verwiesen, bis es gereinigt worden ist, denn sonst wird es nicht angenommen. Wenn eine Sirene zu heulen anfängt, bekommt sie den Mund durch eine Ordnungsstrafe gestopft, und wenn ein Schiff nicht gut riecht, wird es nicht hereingelassen. Der Hafen Sóllers verträgt keinen Lärm. Das Wasser will keine Wellen und die Männer kein Geschrei. Es ist ein Hafen für gemessene Leute.

Abgesehen von den Armen, die fischen müssen, weil

ihnen nichts anderes übrig bleibt, gibt es keinen besseren Winterkurort für kranke Schiffe als diesen. Keine Luftströmungen und keine Gezeiten! Und welch eine Sonnne! Es gibt eine Ecke an der Uferseite — sie ist den Zollwächtern wohlbekannt — wo sich kein Schiff mehr bewegen kann, wenn es dorthin gerät. Es schaukelt eine Weile, und während es sich wiegt, versinkt es in einen so süssen Schlaf, dass es sich auf den Wellen niederlässt und in ihrem Schoss einschlummert.

Nirgends mehr kann man die Poesie, die im Angelsport liegt, besser verstehen als hier.

Man setzt sich auf einen flachen Stein, man spiesst den Köder auf den Angelhaken oder lässt es bleiben, und man fängt Fische oder nicht, denn beim Angeln ist dies weniger wichtig. Die Hauptsache ist der Salzgeruch des Wassers, der Duft der Pinien, die als Thronhimmel dienen, das wechselnde Spiel des Lichtes und die Schläfrigkeit, die uns das Herz umnebelt.

Hier hat man Verständnis für die Fakire, die wie hypnotisiert ganz unbeweglich verweilen, wenn sie auf ihren Nabel starren. Das Gleiche geschieht mit dem Anblick des Korkschwimmers. Man schaut darauf, man schaut, aber man sieht ihn nicht. Die Augen sind zwar dort, aber der Kopf befindet sich anderswo. Der Kopf hört der verschwommenen Musik einer Ziehharmonika zu, die stundenlang in einer Feluke aufspielt, die hierher gekommen ist, um den Winter zu verbringen; er hört dem Wasser zu, wie es gegen die Steine plätschert, und dem Geriesel, das wie eine Wasseruhr niederträufelt. Man möchte eine Auster sein. Man verbringt soviele Stunden dabei, dass man vor dem Aufstehen die Beine untersuchen muss, ob Moos daran gewachsen ist.

Von hier geht man... nun, man weiss es nicht genau, wo man hingeht. Man geht aufs Geratewohl. Man sieht einige Frauen, die Netze flicken, als ob sie den Rosenkranz beten würden. Geblendet von der blauen und weissen Helle befindet man sich plötzlich am Fusse eines Leuchtfeuers. Man weiss nicht, ob es dazu dient, die Feluken vor den Gefahren zu warnen oder um sie wissen zu lassen, dass es in diesem Hafen keine gibt.

Das Leuchtfeuer wird angezündet, weil die Vorschriften es so anordnen, und drum herum befindet sich ein Gärtchen mit einigen Blumentöpfen von jenen bleichen Blumen, die die Leuchtturmswärter züchten, um etwas Gesellschaft zu haben. Daneben liegt ein grosser verrosteter Anker, der seit den Zeiten der Mauren nicht mehr gedient hat, und eine Steinbank wie in allen Häfen, wo die alten Seebären sich einer Sehnsuchtskur unterziehen.

Man setzt sich hin. Die Alten reden vom Meer und ausschliesslich vom Meer. Die ganze Erde ist für sie nur eine Küste, als ob eine Apfelsine nur aus Haut bestünde. Aber sie haben alle Küsten gesehen und da an jedem Ort sich eine Falte auf ihrem landkartenartigen Gesicht gebildet hat, werden sie nicht müde, euch von den Städten zu erzählen, die sie gesehen haben. Sie erzählen es mit einer Ruhe, die man auf dem Meere als vollkommene Windstille bezeichnen könnte. Die Sonne senkt indessen ihre Bahn so sehr, dass man den Eindruck hat, das Wasser würde sich erheben, um sie zu empfangen.

Alle Menschen in diesem Hafen sind ruhig. Aber es gibt jemand, der es über alle Massen ist, sodass er deswegen allgemein bekannt ist. Wenn man in dieser Gegend den Ruf eines ruhigen Menschen besitzt, so kann man mit Sicherheit annehmen, dass er einem zusteht.

Es ist der Kapitän *Don Vicente.*

Dieser Kapitän *Don Vicente* hatte eine etwas alte Feluke, die für die Überfahrt von Sóller nach Barcelona einst vierundzwanzig Tage brauchte.

Er erzählt, dass er mitten im Meer strandete, und die Feluke war so breit und so ruhig, dass sie sich aus Faulheit nicht von der Stelle bewegte, obwohl man einen Segel nach dem anderen setzte. Je mehr Tücher man im Winde fliegen liess, umso mehr wurden sie vom Wind zurückgetrieben.

Die Matrosen meuterten — wie bei Kolumbus — und der Kapitän *Don Vicente* sagte ihnen, sie sollten aussteigen, aber kein einziger stieg aus. Und als sie in Barcelona ankamen, küssten sie deshalb nicht die Steine des Hafens, weil sie so hungrig waren, dass sie direkt zur Wirtschaft laufen mussten.

Der Kapitän *Don Vicente* will nicht, dass man jene Fahrt erwähnt. Nicht deshalb, weil er sich der überstandenen Windstille schämen würde, nein! — Es kommt auf die Stille nicht an — sondern des Hungers wegen, den seine «Besatzung» ertragen musste.

Er spricht aber gerührt von einem Sturm, den er an der Küste von Villanueva erleiden musste.

«Die Nacht war dunkel», erzählt er. «Jene glorreiche Nacht hatten wir eine Ladung Melonen an Bord. Als wir von Valencia hinaussegelten blies der Westwind. Keine Wolke war zu sehen. Das Meer war ruhig. Die ersten drei Tage ging alles in Ordnung. Wir segelten wie üblich gegen den Wind, aber die Feluke schwamm wie ein Schnellboot. Wer schwimmt, geht vorwärts. Als wir uns auf der Höhe von Castellón befanden, überfiel uns ein Windstoss, der mir nicht allzusehr gefiel, das muss ich euch schon sagen. Aber ein Windstoss mehr oder weniger, die Feluke war immerhin eine Feluke. Am nächsten Morgen mehr Stösse und mehr Wind, Blitze um die Mittagszeit, und dies war schon etwas mehr *klimakterisch*. Ich sagte meiner «Besatzung» nichts, denn einige waren Familienväter, und wer Familienvater ist, bleibt immer Vater und die Familie... bleibt Familie. Die Feluke wich nicht von der Stelle, und wenn ich euch sage, dass sie nicht von der Stelle wich, dürft ihr mir glauben; denn ich kann mich preisen, dass immer, wenn ich eine Ladung Früchte hatte, sie reif am Bestimmungsort ankamen. Von Castellón bis nach Tarragona dauerte die Fahrt fünf Tage, aber es macht nichts, wir kamen vorwärts. Mit dem Heck dem offenen Meer zugewandt oder den Bug auf das Festland gerichtet kamen wir — mit Hilfe der «Besatzung» und meiner Erfahrung im langsamen aber sicheren Segeln — in weniger als zwei Tagen bis auf die Höhe von Tortosa. Dort angelangt — erlaubt mir, dass ich Atem hole — blies ein Wind, der kein Wind mehr war! Es war ein «Behüt uns Gott vor den bösen Geistern»! Der Blasebalg des Teufels! Ein Orkan! Die Wellen sprangen über den Bug und die Melonen stiessen gegeneinander wie weichgewordene Steine. Die Feluke hatte sich in ein Kegelspiel verwandelt! Welche Dunkelheit! Und immer dunkler wurde es! Aber ich, gelassen! Ich immer gelassen! Immer mit der Ruhe!

«Was sollen wir tun?» fragt der Zweite.

«Zunächst eine geweihte Kerze anzünden» antwortete ich ihm.

«Die Streichhölzer sind nass geworden» erwiderte er mir.

«Wenn nur wir nicht nass werden», sagte ich.

«Die Feluke ist voll Wasser!»

«Wir werden sie schon leerpumpen!»

«Mut und vorwärts, meine «Besatzung»! Denkt daran, dass die Wahrheit immer oben schwimmt, und deshalb werden auch wir schwimmen! Jenes Licht, das wir dort in der Ferne sehen, wenn es nicht eine Eisenbahn ist, so ist es gewiss ein Leuchtturm.»

«Männer zum Heck! Männer nach unten! Die «Besatzung» auf den Mast! Einige zum Bug! Einige nach drinnen! Gott helfe uns, eine "Fuhre" nach der anderen. Plötzlich kommt eine Welle und: "Mann über Bord!" Die nächste Welle bringt ihn zurück und: "Mann wieder an Bord!" Wir verlieren die Ortsbestimmung und: «Gute Nacht!» Wir hätten ebensogut in Algier wie in Marseille oder Formentor sein können. Wir waren nirgends. Weder auf dem Wasser noch auf Land! Aber Gott hilft. Gegen Morgen, als wir bereits die Sonde ausgelassen hatten und die Feluke ein Waschbecken schien, und ein Matrose aus San Antonio von Ibiza seinem Schutzpatron versprochen hatte, das Seefahren bleiben zu lassen, da sahen wir plötzlich etwas in der Ferne. Im Zweifel darüber, ob es Nebel oder Land war, verging die Zeit, aber dann stellten wir fest, dass es weder Nebel noch Land war: es war das Dorf Villanueva. Und mit der üblichen Launenhaftigkeit des Meeres, die der Mensch trotz seines Scharfsinns nie ganz verstehen wird, wurde es allmählich ruhiger und ruhiger. Und mit der Ruhe — meinem eigentlichen Kompass — erreichten wir schliesslich Barcelona. Aber bevor wir ankamen, rief ich meine gesammte «Besatzung» zusammen und sagte:

«Sehr gut, «Besatzung». Da wir die Ladung Melonen gerettet haben, so esse jedermann soviel wie er mag. Wenn sie jetzt nicht reif geworden sind, werden sie es niemals mehr! An Stössen war kein Mangel.»

«Und wie stark war ihre Besatzung?» fragte einer der älteren Seeleute.

«Zwei Männer und... ich, der Kommandant» sagte der Kapitän *Don Vicente*.

Angesichts dieser Heldentat schweigen alle und man hat den Eindruck, dass sie nachdenklich werden.

Denn es scheint allen unmöglich — wo man doch solch einen friedlichen und zurückgezogenen Hafen wie Sóller hat — dass es Kapitäne gibt, die auf dem Meer herumsegeln, und dass dieses Meer, das wie ein Teich aussieht, solche Zornausbrüche haben kann.

Das Leuchtfeuer fängt langsam an, sich zu drehen. Es hat es auch nicht eilig und verfolgt mit seinen Strahlen die weissen Schiffe eins nach dem anderen, um festzustellen, ob sie schon alle schlafen gegangen sind.

Nur die Ziehharmonika schläft nicht. Sie spielt auf, um die Fische in den Schlaf zu wiegen.

MALLORCA AUS STEIN

Bei Sóller dringt man in das phantastische Mallorca ein.

Die Ruhe ist die gleiche von vorher, aber anstatt bukolisch, idyllisch, provinzhaft oder dörflich zu sein — die Insel besitzt alle Varianten — ist sie feierlich geworden: eine vesteinerte Ruhe.

Wenn man zum Sturzbach von Pareis fährt und aus dem Boot von Sóller steigt, sieht man noch Wälder auf den Klüften. Einzelne Pinien trotzen dem Winde und lassen ihre Zweige direkt auf die Wellen fallen. Danach sieht man nur noch spanischen Ginster mit vereinzelten Blumen, und wenn man beim Bach ankommt, kein Leben mehr. Als ob ein Vulkan alles verbrannt hätte. Nichts als Steine. Von oben bis unten eine ungeheure Menge Steine.

Dieser Sturzbach von Pareis wird von zwei steilen Felswänden, die eine schwindelerregende Höhe haben, gebildet. Sie lassen nur soviel Platz übrig, damit das Geröll aus jenen gewaltigen Bergen herunterrasseln kann. Es fallen und rollen soviel Steine auf ihrem Wege zum Rachen des Meeres herunter, dass der Bach sie nicht alle befördern kann. Die riesigen Blöcke häufen sich aufeinander und bilden so einen Haufen, dass man meint, sie seien von einem Gestirn gefallen.

Zwischen den Bruchsteinen muss der Reisende hinaufsteigen, zwischen den Höhlen und Spalten, sich hier stützend und dort emporarbeitend, fast verloren in diesem steinigen Geröll. Es gibt Steine, die sich über uns befinden, wie Platten der Zyklopen. Wenn man darunter durchgehen muss, so hofft man, dass, wenn sie soviel Jahrhunderte liegen geblieben sind, noch eine Weile länger an der gleichen Stelle bleiben und nicht auf uns fallen werden. Andere versperren den Weg. Man muss wie eine Ameise darüber hinwegsteigen. Je höher man klettert, umso mehr Steine sieht man. Aus der ganzen Insel sind sie hier zusammengekommen. Das Seltsame ist, dass man inmitten dieser Schlucht, wo alles umgewälzt scheint, gelegentlich einige Pfützen Wasser findet, die in einem Sandbett schlafen. Das Wasser ist so klar und durchsichtig, dass man meint, dass die angrenzenden Blümlein dorthin zum Trinken gegangen seien.

Wir verlassen diese kleinen Oasen, die wie vergoldete Schüsseln aus Majolika aussehen und aufwärts!, weiter aufwärts geht es über die Steine. Man trifft auf nichts anderes. Es scheint, als wäre man auf einem anderen Planeten. «Du befindest dich nicht auf der *Erde,* sondern auf dem *Stein.*» Je höher man klettert, umso steiniger wird es. Der Sturzbach hat nicht genügend Kraft, um alle aufzunehmen, die sich loslösen. Oben drohen noch mehr. Die Berge, die sich ausser Sicht befinden, halten ganze Felsketten bereit, um sie bei der ersten Gelegenheit einer Sturzflut an den Wänden entlang hinabzustürzen.

Aber es geht immer höher, und zwischen den Klüften scheint das Meer ebenfalls zu steigen. Zwischen der riesigen Spalte, die von den Felswänden gebildet wird, hebt es sich empor wie ein blauer Vorhang... bis der Pfad sich verengt und man jene Stelle erreicht, die *Entreforc* genannt wird, wo die Wände sich einander nähern und man meint, dass man dort eingeschlossen wird.

Dies «Entreforc» ist das Ende vom Ganzen. Man meint, dass die Welt rissig geworden ist. Es kann nur das Werk eines Riesen gewesen sein, der aus dem Inneren der Insel entfliehen wollte und mit seinen Schultern die Schale auseinanderbrach und spaltete. Das Bett des Sturzbaches ist so eng geworden, dass die Felsblökke, die sich von oben gelöst haben, zwischen den Wänden hängen geblieben sind. Andere sind hinzugekommen, sodass sich aus den Inselstücken ein Gewölbe gebildet hat. Unten durch fliesst der Bach wie durch Katakomben.

Unter diesem Zyklopentempel — dem grössten, den es geben kann — ist das Wasser eingeschlafen. Es bekommt keine andere Helligkeit als die der Fenster, die von den Spalten geformt werden. Es schläft versteckt in den Grotten. Es ist so sauber, trotz der Dunkelheit, dass man nicht weiss, wo das Wasser aufhört und wo die Reflexe anfangen. Oben im Gewölbe, dessen Öffnungen zum Himmel zeigen, kreischen die Sperber. Ihr Schrei prallt von allen Steinen und Abgründen ab, und der Wiederhall kommt schaurig unten an, wie ein Höllengeheul der Harpyien.

Selbst, wenn man die Stalaktiten, an denen das Blut der Berge tröpfelt, mit dem Moos, das die Feuchtigkeit bildet, in dieser Dunkelheit vereint, die kein Sonnenstrahl gesehen hat, so kann man sich doch nicht jene Grotte vorstellen, wenn man sie nicht gesehen hat. Sie erinnert an die Eingeweide eines Ungeheuers und ist eine Wunde der Insel.

Und trotzdem ist dies erst der Anfang. Die Steinbrüche sind weiter oben. Weiter gehts im Bett des Baches. Zuweilen muss man Umwege von einer halben Stunde machen, um dreissig Schritte vorwärts zu kommen. Man steigt den Berg empor und kommt fast an der gleichen Stelle wieder heraus. Man ist in den Höhlen vergraben, die euch das Herz bedrücken, wie in einem riesigen Gefängnis, das keinen anderen Ausgang als den Himmel hat. Man geht weiter, um sich zu befreien, und man erreicht jene Senkungen voll von klarem Wasser, ganz von Steinen umgeben. Wenn Tropfen hereinfallen, klingen sie wie Geldmünzen. Man erreicht den «Gorg Blau». Diese Senkung umschliesst soviel Wasser, dass sie uns wie ein Streifen Himmel vorkommt, der in den Bach gefallen ist. Wenn man aus der Grotte herauskommt, sieht man einen Steinberg. Er ist der grösste, den man auf der Insel zu sehen bekommt. Er ist über tausendvierhundert Meter hoch! Seine Wurzeln reichen bis ins Meer und man nennt ihn den «Pic major». Vom Gipfel dieser riesigen Steinmasse sieht man fünfzig Dörfer und ein blaues Band, das sie umringt.

Unmittelbar darunter werdet ihr etwas sehen, dessen Dasein nicht möglich scheint. Das Gestein hat sich einen Friedhof angelegt, um sich selber zu begraben. Soweit das Auge blicken kann, sieht man riesengrosse Gräber, die vom Regen geformt worden sind, mit eingehauenen Decken und Falten, die schlaff zum Boden herunterhängen. Man kann sich keinen traurigeren Friedhof vorstellen, ohne Trauerweiden und ohne Blumen. Die Steine verwandeln sich in Asche. Ein Friedhof auf dem Mond würde sicherlich den gleichen Anblick bieten. Hier hat sich die Ruhe versteinert.

Dort unten, zwischen zwei Grabtempein, sieht man

die Ruinen eines Hauses. Man sagt, dass dort eine Hexe wohnte, die eines Nachts verschwand. Ihr Haus rollt ebenfalls langsam dem Sturzbach zu. Man sieht zwei oder drei Ziegen rennen, die der Einsamkeit entfliehen wollen. Wir treffen einen Hirten, sprechen ihn an und er blickt uns an... schaut, und antwortet nicht.

Sogar der Hirte hat sich versteinert.

EINSIEDLER DER GEGENWART

Trotzdem finden wir an diesem einsamen Ort, dem wildesten, den man sich vorstellen kann, dem fernsten der Welt, dem selbst die Ziegen entfliehen, einen... Landschaftsmaler.

Er kommt aus einer Höhle oder einer Einsiedelei, oder wohnt in einer Hütte, oder hat sich in einer Spalte eingenistet; aber auf jeden Fall erzählt er uns, dass er schon über ein Jahr lang in dieser Wüste malt.

Wie stellt er es an, um hier leben zu können? Vielleicht hat er zwei Stunden Weg, beladen mit seiner Staffelei und der Leinwand; vielleicht verzehrt er Brotkrusten in einem Bauernhaus, das nur ihm bekannt ist; vielleicht schläft er auf einem alten Strohsack oder in einem Strohschober; vielleicht steigt er nieder, wie die Waldtauben, um in einem dieser Brunnen zu trinken. Aber auf jeden Fall ist er jeden Tag, bei kaltem oder warmen Wetter, bei Sonnenaufgang auf seinem Platz. Er stellt seine Staffelei auf, hängt die Leinwand daran, wischt sich den Schweiss ab, nimmt die Palette heraus, bedeckt sie mit Farben und — das Gesicht dem Berge zugewandt — beginnt er das tägliche Gebet.

Diese Schöpfung des Landschaftsmalers dauert Tage und Monate und manchmal Jahre. Von frühmorgens bis abends spricht er mit niemanden; wenn er mit jemanden redet, wird er nicht verstanden, und wenn man ihn versteht, wird er als verrückt angesehen. In dieser Einsamkeit verfügt er nicht über verständnisvolle Freunde und auch nicht über ermunternde Frauenliebe. Er weiss nicht, was auf der Welt geschieht, aber er hat zwei Kräfte, die ihn nicht verlassen: in seinem Inneren der Glaube und um ihn herum die Landschaft. Für das erste opfert er sich auf und in die zweite verliebt er sich, denn nur mit Glauben und Liebe und mit einem jungen Herzen kann man in dieser Gegend, aus der selbst die Ziegen fliehen, leben.

Und auch dies noch: Wie bei jedem Verliebten, je mehr die Landschaft mit ihm spielt, umso grösser werden Liebe und Opfer, die er darbringt. Ein Lichtstrahl, der ihm entflieht, verursacht ihm Fieber und macht ihn krank; einige vorbeiziehende Wolken, die er nicht mehr fassen kann, beunruhigen ihn wie ein Kind, das Schmetterlinge jagt; ein Sonnenuntergang, der nicht wiederkehrt, setzt ihn eine ganze Zeitspanne in Traurigkeit; aber je mehr die Wolken ihm entwischen, je mehr das Licht ihm entschlüpft, umso grösser ist die Liebe, mit der er sie verfolgt. Je treuloser und tückischer sie wird, umso mehr verfolgen sie seine Augen.

Nur dieser Rausch — die Liebe zur Schönheit und der Glaube — gibt ihm die Kraft, so zu kämpfen wie er es tut. Mit der Hilfe dieser beiden geheimnisvollen Mächte kommen die Maler aus fernen Ländern und verlassen ihre Dörfer und ihre Heimat. Sie laufen durch die Wälder wie die Pilger durch das gelobte Land. Da die Ausländer nur ihre Landessprache beherrschen, laufen sie wie verstummt durch dieses Gebirge. Aber wenn sie das finden, was sie suchen — die Vereinigung mit der Landschaft — beklagen sie sich nicht; es ist ihnen gleich, ob sie Einsamkeit. Wind, Kälte, Sonne, Sturm oder

Heimweh erleiden müssen; wenn sie nicht sprechen können, singen sie; wenn sie kein Brot haben, hungern sie; und wenn sie kein Bett haben, bleiben ihnen die Bäume. Sie opfern die Gegenwart angesichts ihrer Zukunftsträume.

Man meint wahrlich, dass die Wälder, die Flüsse, die Berge und die Inseln nur für die Maler geschaffen worden seien. Die anderen armen Sterblichen sind nur dazu da, um sie zu pflegen und zu bebauen, oder sie gehen daran vorbei, ohne darauf zu achten. Sie sind der Landschaft fremd und sie wird von ihnen nur betreten oder abgeweidet. Sie wissen nichts vom Duft oder von der Brise; sie wissen nicht, wie eine Blume geboren wird; sie wissen nicht, wie eine Wolke wandert; sie sind nicht die Herren der Welt. Sie sind die Pächter, die sie verwalten, damit die anderen sie bewundern können, oder die Eunuchen der Schönheit, damit die Maler sie geniessen können.

Die Seele der Landschaft hat ihre Jungfräulichkeit, die nur von den Malern verstanden werden kann. Sie gibt sich nur den Malern hin und es gibt keine grössere Jungfräulichkeit als die einer Pflanze, die niemals von einem Menschen gesehen worden ist. Der erste zu sein, der einen felsigen Abgrund betrachtet, ist eine Freude, die nur den Entdeckern von Ländern und Landschaften zuteil wird. Die Erde ist wie eine Frau für den, der sie zu ergründen weiss. Es gibt keine reinere und weniger selbstsüchtige Anmut als die der Bäume, der Pflanzen und der Berge. Sie öffnen ihr Herz und lassen sich von dem erobern, der sie versteht.

Da diese Menschen so geniessen können, sind sie nie einsam, selbst, wenn man sie in der verlassensten Wüste malen sieht. Sie können nicht einsam sein. Alle Dinge begleiten sie. Sogar die Gedanken, die die besten Begleiter sind, die der Mensch haben kann. Derjenige lebt einsam, der von Menschen umgeben ist, die ihn nicht verstehen, oder von Dingen, die er nicht versteht. Es gibt keine schlimmere Einsamkeit als einen an der Seite zu haben, der, obwohl er Augen hat, nicht sieht, oder wenn man mit einem Gefährten ohne Ideale leben muss. Wenn man aber die Gedanken für die Beschaulichkeit offen hat, ist es mehr als nur in Gesellschaft zu leben: Man hat einen Freund an der Seite, der von eurer Sehnsucht nicht müde wird und eure Träume nicht lächerlich macht.

Der Landschaftsmaler lebt also niemals einsam und ist auch nirgends fremd, denn er führt eine innere Stimme mit sich: die Sprache des Schauens. Er sieht und hört zu, er versteht das Licht, das den Dingen entströmt und macht sich ihnen durch den Widerschein, den er zurückwirft, verständig. Er ist ein Mystiker der Natur, ein Einsiedler der Erde und der Einsamkeit, der sich — anstatt mit dem Himmelreich — mit dem Reiche dieser Welt zufrieden gibt, und wenn es nicht kommt, beklagt er sich nicht.

Sein Reich haben wir bereits beschrieben: die Vereinigung mit jenen Landschaften, die er allein entdeckt hat; sich mit dem Licht schmücken, und das Verständnis der Stille, die mit ihm und nur mit ihm alleine spricht. Selbst, wenn ihm nur seine Landschaft verbliebe, würde er die Malerei fortsetzen; und die Wollust ist so zwingend, dass er sogar ohne Aussicht auf den Ruhm malen würde.

Wenn er seine Bilder der Welt zeigt, so versteht ihn

die Welt, oder auch nicht; aber selbst wenn er geringgeschätzt wird... was bedeutet es, wenn die Natur ihn zu jeder Stunde erwartet?

Mit dem Glauben und dem einsamen Leben haben diese modernen Einsiedler genug. Den Glauben bringen sie selber mit und als Einsiedelei haben sie eine Insel. Sie brauchen sich nicht zu beklagen.

JENSEITS DER STEINE

Wir verlassen den Maler in seiner Wüste und begeben uns wieder durch das Steingeröll, mit Schluchten auf der einen Seite und Felswänden auf der anderen, nach Lluch.

Lluch ist das Montserrat der Insel, aber es befindet sich nicht hoch oben auf dem Berge wie das Kloster Kataloniens, sondern liegt zwischen Felsen eingebettet und ist von Zyklopengräbern umringt. Die Kirche liegt wie versunken, wie ein Pantheon, den die grossen Berge gebildet haben. Die Heilige Jungfrau sieht ihre Insel nicht. Sie fühlt sie unter sich. Sie fühlt sie in ihrem Innern und man meint, dass sie diesen Platz ausgesucht hat, um den Herzschlag der Insel besser hören zu können. Wenn die Inseln eine Seele haben, so befindet sich die Heilige Jungfrau hier an der Stelle, wo die Seele ist.

Wenn man die Kapelle besucht hat, steigt man wieder an Abhängen und Felsen herab. Man trifft wieder auf so viele und so grosse Steine, die aus allen Ecken und Wegen emportauchen, dass man sagen würde, — wenn der Vergleich nicht hässlich wäre — man könnte ein Steinleiden bekommen.

Drunten hebt sich durch ihre graue Farbe die Stadt Pollensa hervor. Wir sind bereits übereingekommen, dass die Dörfer dunkel oder hell sind. Pollensa ist dunkel. Wir werden uns nicht aufhalten, es zu beschreiben, denn wir haben schon genügend Dörfern einen *Namen* gegeben, und auf unserem Weg werden wir noch andere antreffen. Trotzdem möchten wir sagen, dass seine Dunkelheit etwas nüchtern, grau und traurig ist, aber immerhin harmonisch. Die Strassen haben die Farbe eines Hofes von einem Mönchskloster; die Häuser die Farbe einer Franziskanerkutte. Der Kalvarienberg oben, mit aufgereihten Zypressen wie Gespenster, scheint anzukündigen, dass es ein frommes Dorf ist. Pollensa hat eine Bühnenausstattung, um Mysterien darzustellen, oder um als Rahmen für die Prozessionen der Karwoche zu dienen.

Das Grossartige befindet sich ausserhalb. Es sind die *calas* von San Vicente, das Tal, die Bucht und vor allem das *Castell del Rei.*

Um zu diesem Schloss zu gelangen, reitet man auf Maultieren, die so eine ausgeprägte *Persönlichkeit* haben, dass es die Mühe Wert ist, von ihnen zu sprechen. Erstens hat man als Sattel soviel Ziegen- und Schafsfelle angehäuft, dass es wie ein Schlachthof aussieht. Sie sind so breit wie ein Himmelbett oder ein Hirtenthron. Dann haben die Maultiere ihre eigene Ideen. Wenn die Tiere nach rechts gehen wollen und du nach links, so geht es nach rechts, ob du willst oder nicht. Wenn sie Lust zum Laufen verspüren, nützt dir das Ziehen an den Riemen nichts: sie sind nicht aufzuhalten. Sie halten an, wenn ihnen die Lust zum Laufen vergeht... ein Glück, dass dies bald geschieht. Und wenn es sie zum Stall drängt, beachten sie nicht, ob eine Tür kommt oder ob du darauf sitzt: hinein geht es mit Schwung, und wenn du nicht aufpasst, landest du kopfüber im Futtertrog.

Auf dem Rücken dieser Tiere, die sich schliesslich mit ihrem Schicksal abgefunden haben, kommt man in das Tal von En March, eine der schönsten Stellen der Insel, und wenn es dem Erzherzog gehören würde, wären dort die Wälder am üppigsten, aber jetzt werden sie erbarmungslos gefällt.

Man könnte ein Kapitel über den Schaden schreiben, den die Automobile den Wäldern zugefügt haben. Es wäre merkwürdig, aber man würde feststellen, dass sich das ganze Holz in Benzin verwandelt hat. Die Adligen oder die Grundbesitzer, die nicht genügend Geld haben, um den Schatten und die Geschwindigkeit gleichzeitig erhalten zu können, müssen sich zwischen den beiden entscheiden. Obwohl sie ruhige Menschen sind, haben sie es in zwei Dingen eilig: vorwärts zu kommen und sich zu ruinieren. Wenn sie dem Motor Kraft verleihen wollen, müssen sie ihre Grundstücke mit Hypotheken belasten.

Die Hypothek verursacht das Fällen der Bäume und durch das Fällen entstehen die kahlen Stellen. So zerfällt die Schönheit dieser wunderbaren Insel und verwandelt sich in Kohle, und aus der Kohle wird Benzin.

Es gibt Länder, in denen das Fällen der Bäume als Verbrechen bezeichnet wird. Wer zuviel Bäume fällt, dem sagt man: «Halt! Wenn du kein Gewissen hast, so werden wir es an deiner Stelle haben. Du wirst keine Schönheitsbeleidigung mehr verüben können, denn die Schönheit gehört allen...! Aber in diesem Spanien, Land der *hidalgos* — wo man Feste veranstaltet, bei denen die Kinder Bäume pflanzen nur um sie später selbst zu fällen — begnügen wir uns damit, indem wir ein wenig jammern... und vorwärts! geht es weiter bergan.

Drüben, auf einem gewaltigen Gipfel, wo die Sperber nisten können, sieht man die Ruinen des *Castell del Rei*.

Einige Ruinen und ein Schloss waren zur guten alten Zeit Victor Hugos ein lockendes Gericht, um Verse zu schmieden. Wenn sich noch etwas Efeu um die Säulen, den Huldigungsturm, die Hängebrücke und die Schiessscharten wand, so wurden alle romantischen Seelen gerührt.

Heutzutage haben sie auf klassischem Gebiet etwas von ihrem Ansehen verloren, denn je mehr die Zeit vergeht, umso ruinierter werden die Ruinen. Der Preis des Efeus ist derartig gesunken, dass es bei den Dichtern nicht mehr in Kurs steht; die Hängebrücken sind nicht mehr in Gebrauch; man will keine Mauern mehr, die Spalten haben; man kann sich keinen Dichter vorstellen, der nicht irgendwo preisgekrönt worden ist; und wenn es Meerweiber gäbe wie jene, die auf den Felsen sangen, hätte man bereits eine Gesellschaft zur Verarbeitung von Meerweibkonserven gegründet.

Es ist schade, dass es so geworden ist, und die Schlösser ihr Ansehen verloren haben, denn dieses Schloss hier ist wahrhaft romantisch!

Gotische Bögen, die sich gerade noch aufrecht erhalten und sich gegen den blauen Himmel hervorheben; unterirdische Gänge im Inneren des Berges; Stollen, von denen man annimmt, dass sie bis ans Meerufer reichen; Mauern die auf Abgründe hinabschauen, Ruinen, Dornbüsche und jene violetten Blumen, die nur zwischen den Ruinen gedeihen, und dies alles in fünfhundert Metern Höhe, steil über den Wellen des Meeres... Gewiss, hier mangelt es nicht an Romantizismus. Schon mit ganz wenig Einbildungsvermögen vermag man sich Krieger,

Seeräuber, Mauren, Hofdamen, Edelknaben, Ritter, Liebesszenen und Kriegsbilder vorstellen. Es gibt Themen, um völlig durchzugehen und die Phantasie mit zweitausend Flügelschlägen pro Stunde fliegen zu lassen.

Und die Stille? Und die Einsamkeit? Und die Geier, die im Gleitflug vorbeiziehen oder sich an den Mauern festkrallen und in den geheimnisvollen Abgrund hinabäugen? Und die Falken, die sich wie ein Geschoss auf eine unsichtbare Beute niederstürzen? Ist dies nicht eindrucksvoll? Schade, dass der Impressionismus nicht Mode ist. Und die Grossartigkeit der Steine, die hier zur Apotheose werden? Und der Wall von Klüften, der bis nach Formentor reicht? Und die Pinien, die sich winden, um nach unten schauen zu können? Sind dies nicht alles Dinge, um die Gedanken zu entfesseln, wenn der gute Geschmack sie nicht zügeln würde?

Aber alles, was man vom *Castell del Rei* sehen kann, ist so grossartig und gewaltig, dass — Mode oder nicht Mode und abgesehen von jeder Schule oder Richtung — ein Augenblick kommt, wo man nachdrücklich überwältigt wird. Und da die Seele nicht fragt, wann sie sich begeistern darf, so gibt man sich dem Enthusiasmus hin und sagt sich:

«Die Mode ist bedeutungslos. Das Grosse bleibt immer gross.»

Und wenn man dichten könnte, kämen die Verse verworren hervor. Man würde sie mit Leierbegleitung singen, selbst wenn man Gefahr liefe, als Dichter zu gelten.

Die Ruhe hat ihre Grenzen auf dieser Welt und beim Anblick des *Castell del Rei* verliert man sie.

DIE LEUCHTTURMWÄRTER

Weit in der Ferne bei den letzten Felsen, wo alles aufhört, in dreihundert Metern Höhe über dem Meeresspiegel und in hunderttausend Metern Entfernung von aller Freude, von vielen Steinen und viel Einsamkeit umgeben, hat man einen Leuchtturm gebaut und drei Menschen darin eingesperrt.

Welches Verbrechen haben diese Männer begangen, um in jener Bergwüste gefangen gehalten zu werden? Warum hat man sie dorthin gebracht? Wie kommt es, dass sie nicht nur freien Willens hingegangen sind, sondern Bewerbungsprüfungen durchmachen mussten und sogar Empfehlungen notwendig hatten, um dorthin zu gelangen?

Diese einsamen Leuchtturmwärter mussten — um sich unter jenem Licht einsperren zu lassen — Schiffahrtskunde studieren, um zu wissen, wie die Schiffe untergehen; Sternkunde, um mit den Sternen Patiencen legen zu können; Botanik, um Heilpflanzen zu suchen, während sie auf den Arzt warten müssen, der nicht kommt; und schlafen lernen ohne vor Traurigkeit zu sterben.

Es wäre besser gewesen, wenn die Bewerbungsprüfung darin bestanden hätte, sie nächtelang unter einer brennenden Lampe ohne Gesellschaft zu lassen. Denjenigen, der es am längsten aushalten würde, hätte man zum Leuchtfeuer schicken müssen. Der Mensch ist es gewohnt Freunde und Gesellschaft zu haben und Lichter zu sehen, die nicht von einem Leuchtturm stammen. Aber diese Armen hier hat man auf einem Felsen verlassen, an eine Dienstvorschrift gebunden, und wenn sie nach einem halben Jahr nicht gestorben sind, verfügen sie über eine Gesundheit, die allem Heimweh widersteht. Die Dienstvorschrift gewährt ihnen immerhin drei Dinge: sie dürfen heiraten, eine schöne Aussicht geniessen und schlafen. Oben im Leuchtturm befinden sich drei Wohnungen mit getrennten Küchen, damit jeder Leuchtturmwärter mit seiner Frau zusammen unabhängig leben kann. Aber die Dienstvorschrift hat nicht vorgesehen, dass es auf dieser Welt keine Frau gibt — so sehr sie ihren Mann lieben mag —die sich lebendig begraben lässt und auf die Nachbarinnen und auf das Reden — was das schlimmste ist — verzichtet. Droben auf dem Leuchtturm hat man einen Ausblick, von dem derjenige begeistert ist, der nur eine Stunde oben bleibt. Aber die Dienstvorschrift hat nicht geahnt, dass es auf der Welt nichts traurigeres gibt als eine Aussicht die sich nicht verändert. Was die drei Gefangenen anbetrifft, so können sie sich ablösen und schlafen, aber die Dienstvorschrift hat nicht bedacht, dass es keinen langweiligeren Schlaf gibt als einen den man vorgesschrieben bekommt und es wäre besser, einmal und für immer dort einzuschlafen.

Natürlich werden nach einem Jahr die Frauen dieses Leben satt und begeben sich ins nächste Dorf, das sich in acht Stunden Entfernung befindet. Nach einem Jahr macht ihnen das blaue Meer den gleichen Eindruck wie ein Klavier, das von morgens früh bis abends spät die gleiche Note spielt.. und nach zwei Jahren haben sich die Gefangenen alles erzählt, was sie wissen, sodass sie nicht einmal Lust zum Sprechen verspüren. Sie starren auf das Licht und lassen sich von der Eintönigkeit blenden.

Was tun sie also in jenen Tagen, die kein Ende zu haben scheinen? Einer hat einen Photoapparat und versucht, Aufnahmen zu machen, aber dies hat zwei Haken, denn was er sieht, muss er von oben photographieren und die Verkürzung verdirbt ihm die Perspektive. Ferner ist dieses Land so hell und sonnig, dass Licht in den Film gerät. Das Tageslicht mit dem Leuchtfeuer zusammen ist zuviel. So lässt er es bleiben. Ein anderer versuchte sich in der Landwirtschaft und pflanzte vier Tomatenstöcke, aber damit sie nicht vom Winde verweht werden, muss er einen Dachziegel auf jede Tomate legen, und am Tage, wenn der Mistral bläst, fällt das Dach herunter und zerquetscht die Ernte. Der Dritte will Hühner züchten. Aber an diesem Ort bringt man bei schlechtem Wetter den Männern das Essen mit soviel Verspätung, dass sie Adler im Reis oder Falken im Essig verzehren müssen, und so können die Hühner nicht ansässig werden. Es geschieht ihnen wie dem Dichter, der die Hühner in den Kochtiegel warf, weil er sie nicht ernähren konnte.

Die Aufgabe dieser Verwaltungs-Vestalen besteht darin, das Leuchtfeuer mit Petroleum zu versorgen, es nicht ausgehen zu lassen und aufzupassen, dass es sich immer dreht. Man kann den Leuchtturmwärter als einen Menschen bezeichnen, der seinen Unterhalt verdient, indem er eine Petroleumlampe drehen macht. Er dreht die Lampe solange bis er nicht mehr weiss, ob sich sein Kopf, der Turm oder die Bergen drehen und leidet an einem verkehrten Schwindel: bei ihm dreht sich der Turm.

Natürlich darf er eine Zeitung lesen, *Das Echo des Leuchtfeuers*, zum Beispiel; aber bis die Zeitungen dort oben ankommen, ist ebenfalls das Licht in sie eingedrungen: sie haben sich verdampft und ihre Substanz verloren. Die Nachrichten erreichen sie mit solch einer Verspätung, dass die armen Leuchtturmwärter nicht mehr wissen, ob es sich lohnt, sich für Tatsachen zu interessieren, die bei ihrer Ankunft bereits der Geschichte angehören. Natürlich werden sie sonnabends von ihren Frauen besucht und unterhalten sich mit ihnen, aber diese haben solch eine grosse Strecke zurücklegen müssen und soviel Licht gesehen und die Sonne hat sie so ermüdet, dass sie bei ihrer Ankunft nichts erzählen wollen. Nachdem sie sich ausgeruht haben, kehren sie wieder zurück. Da die Leuchtturmwärter zu dritt sind, könnten sie eigentlich Tresillo spielen, aber die Dienstvorschrift verbietet es ihnen. Sie verbietet ihnen alles: Das Zusammenleben, das gemeinschaftliche Essen, die Unterhaltung miteinander. Drei Menschen, die in einem Fernrohr zusammen leben und so tun müssen, als ob sie sich nur vom Sehen kennen würden.

Das kommt daher, weil die Dienstvorschrift nicht bedacht hat, wie schwierig es ist, ein Jahr nach dem anderen unter dem gleichen Lichte — um nicht unter dem gleichen Dache zu sagen — zusammen zu verbringen und sich gegenseitig zu vertragen. Ein einzelner Mensch kann es aushalten. Die Langeweile verursacht ihm Traurigkeit, und mit der Traurigkeit kann man selber fertig werden. Aber wenn sich drei zuusammen an einem Ort langweilen und wenn diese drei genügend

Freundschaft miteinander halten, um sich gegenseitig ihren Kummer zu erzählen, so gibt es keinen Leuchtturmwärter, der dies aushalten kann. So wie mitten in der Menge die Begeisterung ansteckend wird, so verbreitet sich in der Einsamkeit zu Dritt die Langeweile. Diese führt zur Melancholie, die Melancholie zur Schweigsamkeit und diese kann zum Selbstmord treiben. Dies ist der Grund dafür, dass einer den anderen mit der Traurigkeit ansteckt. Die Traurigkeit ist eine schlechte Freundin, wenn man den Abgrund so in der Nähe hat.

Es passiert oft, dass die Seefahrer, wenn sie ein Licht auf einer Anhöhe erblicken, das sie vor einer Gefahr warnt, nicht wissen, dass die im Licht sich in grösserer Gefahr befinden als die in der Dunkelheit. Die dort unten können in einem Augenblick auf den Felsen stranden, aber die oben sind bereits gestrandet. Die Matrosen können Schiffbruch erleiden, aber die vom Leuchtturm haben bereits Schiffbruch erlitten, und zwar in der Leere, im Nichts, in der Schweigsamkeit. Sie sind durch ihre Bewerbungsprüfung schiffbrüchig geworden. Ihr Studium war dorthin gerichtet. Wenn man bedenkt, dass es soviel Menschen gibt, die, um ihr tägliches Brot zu verdienen mit einem Minister verwandt sein müssen, damit er ihnen die Gnade erteilt, sich freiwillig einsperren zu lassen, so ist man entsetzt, dass es auf diesem freundlichen Planeten soviel Arten von Elend gibt.

Die Langeweile ist in jenem umgedrehten Brunnen so gross und die Ruhe im schwindelerregenden Dachfenster so kategorisch, dass sie sich einen Schiffbruch wünschen — bei dem natürlich alle Menschen gerettet würden — um ein wenig Gesellschaft zu bekommen.

Deshalb ist der einzige Augenblick, wo jene häuslichen Robinsone eine Zerstreuung finden — fast würden wir es eine Hoffnung nennen — wenn der Postdampfer von Menorca vorbeifährt. Bevor er zu sehen ist, ahnen oder erraten sie bereits seine Vorbeifahrt. Aus jeder Zelle kommt ein Wärter, geht ans Geländer und beugt sich über den Abgrund. Ganz unten sieht man ein kleines Licht, wie ein Glühwürmchen, das auf den Wellen dahingleitet. Es ist sehr klein, aber es bewegt sich. Die Leuchtturmwärter, die sich auch bewegen möchten, wissen nicht, wie sie es anfangen sollen, um mit jenen Menschen zu sprechen, die sich entfernen. Sie wollen ihnen ein Stück ihres Herzens mitgeben und so steigen sie zum Licht hinauf und den Vorschriften zum Trotz giessen sie etwas mehr Petroleum in den Behälter.

Die Leuchtturmwärter machen so Tag für Tag weiter. Es vergehen die Jahre und ihr einziger Wunsch ist der *Ruhestand* oder die Beförderung. Der *Ruhestand* bedeutet für sie, nicht mehr so ruhig zu leben — und Beförderung die Versetzung nach einem anderen Leuchtturm in einem Hafen oder an der Küste, wo sie sehen können, wie Menschen vorbeigehen und Seemöven statt Falken vorbeifliegen und Frauen statt Meerweibern. Das Traurige ist aber, dass sie schon etwas alt geworden sind, wenn sie dieses Ziel erreichen.

Sie sind in der Einsamkeit so langweilig geworden, dass selbst das Sprechen sie stört. Die Ruhe ist so sehr in sie eingedrungen, dass sie jede Kleinigkeit aufregt und sie sind so geblendet, dass sie sich nur in der Nähe der Fenster der grossen Leuchtfeuer aufhalten können.

Auch sie sind Einsiedler der Insel, aber beklagenswerte Einsiedler. Diejenigen, die Ramón Llull zurückliess, ertragen die Einsamkeit, um sich das Himmelreich zu verdienen; die Landschaftsmaler tun es, um das Reich der Erde zu gewinnen; aber die armen Menschen auf dem Leuchtturm sehen keinem Reiche entgegen.

Sie erwarten keines. Was sie erwarten, steht im Amtsblatt, dem traurigsten Buch, dessen Schöpfung die Mutter Natur geduldet hat.

DIE INNERE RUHE

Wir verlassen den Leuchtturm, das *Castell del Rei*, und begeben uns nach Inca. Eine Strecke machen wir mit der Kutsche, die nächste mit der Eisenbahn und dann wieder mit der Kutsche. So kommen wir zu den Grotten von Artá, eines der Wunder dieser glücklichen Insel.

Wenn man so den Weg beschrieben hat, könnte man meinen, dass die Reise schnell vor sich geht. Sogar mit der Eisenbahn. Aber nein, sie geht gar nicht schnell voran.

Eigentlich ist die Eisenbahn das langsamste Verkehrsmittel. Mit dem Vorwand, dass sie ein *sparsames* Verkehrsmittel ist, rollt sie so langsam über die Schienen, dass man dabei einschläft. Da sie klein ist, wird sie von allem aufgehalten. Sie hält überall an und wenn man sie antreibt schneller zu fahren, pustet sie so fürchterlich, dass der Lokomotivführer mitleidig wird und ihr sagt:

«Schluss! Beklage dich nicht mehr und fahre so langsam wie du willst.»

Immerhin erreichen wir Artá und nach einer Stunde Fahrt mit der Kutsche kommen wir am Fusse der Grotten an.

Am Eingang, in der Nähe des Ufers, befindet sich ein Wald mit grossen, grünen Pinien. Das Lied des Meeres erreicht uns mit solch einer zarten Schläfrigkeit, der Salzgeruch und der Duft der Pinien werden mit so einem grossen Genuss eingeatmet und der Himmel ist so blau, dass man denkt: Warum wollen wir diesen Ort verlassen und uns im Inneren einschliessen? Wenn wir uns hier ausruhen können, wer zwingt uns eigentlich, Höhlen zu besuchen? Wenn wir uns im Licht hinlegen können, was treibt uns dazu, im Dunkeln herumzulaufen? Aber man beherrscht sich, man sagt der Welt und ihrer Eitelkeit ab und wir sagen dem Führer:

«Mut und... hinein!»

Als erstes steigt man einige Stufen hinauf, dann einige abwärts, dann sieht man eine äusserst dunkle Höhle und wir befinden uns am Tor, das uns in das Innere der Erde führen wird.

In der Grotte, wo man zunächst eintritt, sieht man noch etwas Helle. Das Licht ist schwach und bläulich, wie ein Lichtseufzer, wie eine Luke in einem Gefängnis oder eine erlöschende Kerze. Es erlischt immer mehr und... Gute Nacht! Wir befinden uns in völliger Dunkelheit.

Mit Hilfe der Fackel, die wir mit uns führen, fängt das Gespensterspiel an. Alles, was man sieht, ist nur ein Traumbild. Oben ahnt man die Wölbung eines Schiffes; an der Seite sieht man einen Schatten, der im Endlosen zerfliesst; man geht weiter, ein Schacht bringt uns hinunter und man dringt immer tiefer, so tief, dass man nicht mehr an die Rückkehr denken will, um nicht umkehren zu müssen.

Der Eindruck absoluter Blindheit ist vielleicht die ausgeprägteste Erinnerung, die man von der Grotte mitbekommt. Beim Abschied vom Licht überläuft uns ein kalter Schauer. Man spürt die Kälte, blind zu sein, die Angst vor dem Unbekannten, die Leere des Mangels an

Sonne. Wenn man sich auch überlegt, dass dies nur einen Augenblick dauert, so berührt man sich doch von Zeit zu Zeit die Augen, man öffnet sie und man will sie noch mehr öffnen. Man bemerkt, dass man trotzdem nichts sieht und man meint, dass das Gesicht erstickt. So heften sich die Augen an das Licht der Fackel, als ob sie die einzige Hoffnung wäre, die uns bleibt.

Aber da der Mensch weiss, dass er ein Gewohnheitstier ist, gewöhnt er sich bald an die künstliche Beleuchtung und fängt an, Dinge zu erraten, die er nicht ahnen konnte. Man sieht die Entstehung von Säulen, die von einem Tropfen nach dem anderen gebildet werden. Sie strecken sich, bis sie die anderen Säulen küssen, die vom Boden aus emporwachsen. Der Wunsch eines Kusses entspringt einer Liebe, die Jahrhunderte dauert, und die Lippen versteinern sich um die Dauer noch zu verlängern. Man sieht Figuren, die nur vom Unterbewusstsein des Erhabenen gebildet sein können: ungeheuerliche, sich windende Drachen, blinde und niedergestürzte Harpyen, Statuen im Enstehungszustand, Schlangen, Schildkröten mit vier Köpfen. Man wird an die Märchen der Kindheit erinnert. Der Stein verwandelt sich in Kunst und die Form wird geboren. Ferner gibt es soviele Dinge, die man nur teilweise sieht, sodass man begierig ist, mehr davon zu sehen, und schon der Abstieg in dieses steinerne Herz besitzt einen unbeschreiblichen Reiz.

Es gibt einen Saal, dessen Wände wie eine Orgel tönen, wo alle Stalaktiten einen verschiedenen Ton abgeben, wenn man sie mit einem Stein anschlägt. In dieser Ruhe, wo die Stille so einen endgültigen Charakter annimmt und das Gewölbe wie ein Grab scheint, vernehmen wir die Schwingungen dieser Musik wie ein

Trost für das Gehör. Es ist jungfräuliche Kunst. Die Geburt der Kunst. Es sind die Noten der Harmonie, die sich tropfenweise gebildet haben und das Orchester der Höhlenbewohner.

«Und sie haben nicht an den Tagelöhnen gespart!» sagte jener Bürger in Murgers Novelle.

Nein, man hat nicht an Monaten, an Jahrhunderten oder an tausend Jahrhunderten gespart, um diese wunderbare Orgel zu bauen. Es steht fest, dass die Natur bei ihren Werken die Auslagen nicht in Betracht zieht. Der Bau dieser grossen Instrumente, die niemand spielen kann, ist so etwas Grossmütiges, dass nur die Natur dies schaffen kann.

Aber wir setzten unseren Weg fort — deshalb ist man hinabgestiegen — wir steigen ein Labyrinth herab, hier bücken wir uns, dort folgen wir einigen Windungen, dann drücken wir uns durch ein Loch, das früher vielleicht eine Drachenhöhle gewesen ist, und schliesslich erreichen wir eine Grotte, die man «Höllenkammer» nennt.

Diese Grotte hat so wilde Formen, dass selbst Dante seine Unterschrift dafür hergegeben hätte. Sie flösst Angst ein und besitzt eine schauerliche Erhabenheit. Hier sind die Stalaktiten schwarz, wie tote Kohlen oder wie trauerndes Mahagoniholz. Die Säulen sind wie Baumstämme, die seit der Entstehung der Welt vergraben lagen. Dies ist wie der erloschene Ofen eines Vulkans oder wie eine unbewohnte Kammer der Hölle.

Auf jeden Fall weiss man in dieser Tiefe nicht, ob sie einem gefällt oder nicht. Man sagt sich: «Es ist schön, grossartig, erhaben.» Aber man verspürt Lust, wieder hinauszugehen. Man möchte mehr Dinge bewundern, aber möglichst auf dem Rückwege. Der Führer macht uns Sorge. Man denkt: «Wenn er hier sterben würde? Wenn er den Weg verliert? Wenn er einen Schlaganfall bekäme und steif bliebe? Vielleicht könnte er uns trotzdem den Weg zeigen, während man ihn hinausträgt.» Es kommt ein Augenblick, wo man sich sowohl über die Kleinheit des Führers als über die Grösse der Grotte Sorgen macht. Man schaut, ob er zittert, ob er einen sicheren Schritt hat, ob er gelb oder rot wird. Man würde ihm eine Tasse Brühe servieren. Man macht ihm Komplimente. Man fragt ihn: «Wie geht es ihnen?» Er ist unser Blindenstock in diesem Land der Finsternis.

Aber es geht tiefer in die Erde hinein. Wir fühlen uns wie Maulwürfe. Schliesslich erreichen wir die grösste Grotte in diesen geheimnisvollen Abgründen. Man nennt sie den «Fahnensaal» der gewaltigen Felsen wegen, die von der Decke hängen.

Der Führer lässt uns einen Augenblick allein und steigt auf einem Pfad, der nur ihm bekannt ist, hinter den Säulen mit der Fackel empor. Er verschwindet einen Augenblick und dann sehen wir ihn oben wie eine phantastische Silhouette.

Dort zündet er ein bengalisches Licht an. Der darauf folgende Anblick ist unbeschreiblich: Gruppen versteinerter Blumen, seltsame und unwirkliche Pflanzen, Ströme aus festgewordenem Schaum, Verzauberte Statuen, versteinerte Landschaften, Algen aus Stein, die grossartigsten Wahngebilde des schönsten Zufalls bilden hier eine Apotheose. Sogar die bedeutungslose Figur des Führers wird durch die Helle des bengalischen Lichts erleuchtet und nimmt die Gestalt eines Teufels an, eines wunderbaren Zauberers, eines Gespenstes dieser Höhlen an. Es ist einer der Eindrücke, die lange Zeit im Gedächtnis haften bleiben.

Aber der Führer verschwindet und wir versinken in der Dunkelheit. Wir warten eine Weile und... er kommt noch nicht. Wir wissen zwar, dass er zurückkommen wird, aber wir möchten, dass es schon soweit sei. Wenn er erscheint, atmen wir alle auf. Dann fragt er uns gefällig, ob wir in eine Höhle hinabsteigen wollen, wo noch niemand gewesen ist, aber wir sagen ihm... Dankeschön... später... wir sind nicht gekommen, um neue Höhlen zu entdecken... das Beste wäre... wenn er uns wieder hinausführen würde.

Man steigt hinauf. Der Weg scheint sich gedehnt zu haben. Als man schliesslich das Licht erblickt, begrüsst man es mit einer Freude, die man nie zuvor empfunden hat, man badet die Augen darin und findet es so schön wie nie zuvor.

Das Gesehene ist grossartig, schön, fabelhaft. Man ist im Innern der Insel gewesen, man hat der Phantasie freien Lauf gelassen, die Augen haben Wunder betrachtet, aber der angenehmste Eindruck, den man von den Grotten bekommt ist... wieder ins Freie zu gelangen.

MEHR HÖHLEN

Damit unser lieber Leser begreifen kann, dass die Angst, die uns der Führer einflösst, berechtigt ist, bitten wir ihn, uns in andere Höhlen zu folgen. Es sind die Grotten von Manacor, und er mag sich davon überzeugen, dass man sich darin verirren kann. Wenn es auch nicht immer vorkommt, ist es immerhin möglich.

Diese Grotten von Manacor sind gemütlicher oder traulicher als die von Artá. Dort hat der *Grosse Architekt* — wie die Freimaurer sagen würden — grosse Kathedralen gebaut, aber hier hat er sich mit kleinen, aber gut ausgeschmückten Zimmern mit phantastischen Arabesken begnügt.

Sie sind klein, aber kompliziert. Diese Verzwicktheit und ein Amateur-Führer, der nicht wusste, wohin er ging, verursachte den Verlust zweier Freunde und ihr wunderbares Wiederfinden in der Dunkelheit.

Es geschah vor zwanzig Jahren und die vorübergehenden Opfer waren Llorenç i Riu, Sekretär vom «Cau Ferrat», der Onkel vom Sekretär und der Führer — der eigentliche Sündenbock und Urheber des Unglücks.

Der Onkel und der Neffe hofften in freudiger Erregung alle diese wunderbaren Dinge betrachten zu können und begaben sich ins Innere der Höhle. Da derjenige, der nichts Schlechtes tut... auch nichts Schlechtes denkt, folgten sie vertrauensvoll dem Führer.

Als sie ihm zwei Stunden gefolgt waren, bemerkten

sie, dass sie sich im Kreise drehten und immer an die gleiche Stelle zurückkehrten. Sie schöpften also den Verdacht, den wir dem freundlichen Leser bereits erklärt haben, und auf jeden Fall fragten sie den Führer:

«Hören sie, Führer, wenn wir jetzt herausgehen möchten, würden wir den Ausgang finden?»

«Das ist es gerade, was ich schon eine Weile suche», antwortete der *Cicerone*.

«Teufel!» haben wir wahrscheinlich erwidert (wenn wir nichts anderes erwidert haben). Das heisst also, dass der Eingang...?

«Ich weiss nicht, wo er ist.»

«Wir wollen hinaus!»

«Das möchte ich auch!»

«Aber sicher gibt es einen Ausgang...»

«Natürlich gibt es einen..., aber ich kann ihn nicht finden.»

«Gott steh uns bei! Was sollen wir nur tun?», sagten sie.

«Wir müssen den Ausgang suchen!», antwortete der andere.

Und mit der Aufregung, die jedermann erraten kann, fingen sie an, Löcher, Höhlen, Gruben und Stalaktiten zu untersuchen, sie wandten sich hierher, kehrten dort um und je grössere Strecken sie zurücklegten, umso mehr verirrten sie sich. Je mehr sie den Faden verfolgten, umso mehr verwickelte sich der Knäuel.

In einem Wort: Sie hatten sich verirrt.

Sich in einer Höhle verirren, wo es keine Wege, keine Schilder, keine Anschriften an den Strassenecken, keinen Schutzmann gibt, das genügt, um alle Sinne zu verlieren und sich der Verzweiflung hinzugeben.

Ihr erster Gedanke war, den Führer zu erwürgen, der sie in die Höhle gebracht hatte. Der zweite war, ihn zu pflegen, in der Hoffnung, dass er sie hinausführen würde. Der dritte, sich allen Heiligen und Teufeln zu empfehlen.

Aber der Fehltritt war getan. Sie schlossen sich zusammen wie die Überlebenden eines unterirdischen Schiffbruchs und berieten, was sie tun würden. Als erstes hatten sie nichts zu essen. Sie hätten den Führer verzehren können — der tatsächlich nichts anderes verdient hatte. Zunächst hätten sie ihn schlachten müssen, aber sie hatten keinen geeigneten Gegenstand zur Hand. Ausserdem verfügten sie nicht über Feuer, und so hätten sie ihn roh essen müssen, aber ein roher Führer ist ungeniessbar. Dann hatten sie kein anderes Wasser als das der Stalaktiten. Das Trinken eines Tropfens nach dem anderen ist zwar gut für diese unterirdischen Steingebilde, wo es auf ein Jahrhundert mehr oder weniger nicht ankommt, aber sie hatten es etwas eiliger. Dann waren ihre Stimmen zum Rufen nicht kräftig genug. Selbst wenn sie gerufen hätten, würde man sie nicht gehört haben und so schonten sie ihre Stimmen.

Nach einigen Stunden des Umherirrens bemerkten sie, dass die Fackel zu Ende ging. Sie spalteten sie in vier Teile, damit sie länger dauert sollte. Das schlimmste war, dass durch die Feuchtigkeit die Streichhölzer nicht mehr brannten. Um also nicht im Dunkeln zu bleiben und das Feuer für den Notfall aufzubewahren, beschlossen sie, jeder abwechselnd eine Zigarre zu rauchen.

Dem Führer und dem Onkel war es recht, aber als die Reihe an Llorenç kam, da er vorher nie geraucht hatte, wurde es ihm bei der ersten Zigarre sofort übel.

Schwindelig und halb tastend sahen sie etwas Helles. Sie traten hinein und es war ein See, der später zur Erinnerung an die Tragödie ihren Namen bekam.

Dieser See hütet ein Geheimnis, das nicht in Worten beschrieben werden kann. Er schläft schon seit Jahrhunderten im Innern der Erde. Er ist ruhig wie der Tod. Sein Wasser, das sich niemals bewegt, bildet keine Falten und zerfällt nicht in Farben. Unten sieht man in einem silbernen Bett die Stalaktiten wie in einem Kristall, das sie aufbewahrt. Dieses Kristall ist so seidig, dass man den Wunsch verspürt, darin zu schlafen.

Es ist klar, dass unsere Verirrten nichts davon sahen. Sie waren die Entdecker davon und die einzigen, die es nicht gesehen hatten. Ihr einziger Wunsch war, herauszukommen und das Tor zu finden, jenes Tor, dessen Existenz sie bereits bezweifelten. Sie riefen und bekamen keine Antwort, sie wollten schwimmen, aber sie konnten nicht und da sie sahen, dass das Licht zu Ende ging, schrieben sie

¡¡No ay esperanza!! [1]

Wir wollen nicht beschreiben, was danach geschah, um unseren freundlichen Leser nicht leiden zu lassen. Wir wollen nur erwähnen, dass man nach acht Stunden draussen ihr Fehlen bemerkte und sich aufmachte, um sie zu suchen. Die Rettungsmannschaft verbrachte einen halben Tag in der Durchsuchung von Höhlen und und als sie die Verloreren endlich fanden, umarmten sie sich so kräftig, dass kein Melodrama je so ein gefühlvolles Ende genommen hat.

1. Alle Hoffnung ist verloren!

Wir möchten noch etwas hinzufügen. Da Llorenç bemerkt hatte, dass der Onkel oder der Führer den Satz *no hay esperanza* ohne *h* geschrieben hatten, setzte er den fehlenden Buchstaben mit Würde hinzu. Da sie gerettet waren, konnten sie auch die Rechtschreibung retten. Da sie solange in der Dunkelheit gewesen waren, wollten sie die Hoffnung nicht im Finstern lassen.

Sie traten ins Freie und schrieben ihre Namen ins Gedenkbuch für die Besucher.

So schiffbrüchig die Menschen auch sein mögen, sie retten sich nicht davor, ihren Namen ins Gedenkbuch einzutragen, das sich — voller erhabener Gedanken — am Ausgang befindet.

Damit unser freundlicher Lesser sehen möge, dass wir es an nichts fehlen lassen, geben wir hier einige davon wieder.

Ein romantisches Fräulein schrieb in französischer Sprache:

«*Adieu, belles et nobles grottes celestes. Demeurez merveilleuses. Je reviandrai à vous, qui, dans ma contemplation, m'avez fait oublier tous mes chagrins.*
Au revoir.»

Jemand, des geschäftstüchtig ist:

«*Wir raten allen Besuchern der Grotten, ihr Leben bei der "Previsión", der besten Versicherungsgesellschaft, zu versichern.*
Wir sind der Tischlerinnung angeschlossen.»

Verschiedene Unterschriften.

«Mit zwei schönen Mädchen
Besucht' ich diese Gröttchen.»

Drei Unterschriften.
Eine andere Unterschrift, aber was für eine! :

«Per me si và nella città dolente,
Per me si ve nell' eterno dolore.
Per me si và tra la perduta gente.
Ich habe gesprochen — Luis Mazzantini.»

Kurze, aber glatte Sätze:
«Lob der Natur!»
«Architekten, schämt euch!
«Mit welchem Recht beneiden uns die fremden Nationen!»

Und dieser andere, um abzuschliessen, von einem weisen Menschen:
«Wenn man diese Grotten durchwandert, sieht man die Grösse Gottes. Wenn man dieses Album durchblättert, wundert man sich über den Stumpfsinn der Menschen.»

MEHR EINSIEDLER

Und jetzt, lieber Leser, wenn du geduldig genug gewesen bist, uns auf unserem gemütlichen Weg durch die Insel der Ruhe zu begleiten, gedulde dich noch eine kleine Weile und folge uns bis zum Schluss, der nicht lange auf sich warten lassen wird.

Wir könnten dich noch nach Raixa führen, einem grossartigen, herrschaftlichen Garten, wo symmetrische Zypressen den weissen Statuen als Rahmen dienen, wo du eine grosse Treppe aus Moos bewundern könntest, Garten in Gedichtsform, Lauben, die Traurigkeit des Heimwehs und jene Ruhe, welche die Zeit den verlassenen Dingen verleiht. Oder nach Andratx, einem hellen Dorf, das unter einem Thronhimmel aus Mandelbäumen verborgen liegt. Wir könnten viele Pinienhaine betrachten, wo die Bäume sich neigen, um die Muschelschalen zu küssen und wo der Himmel so heiter ist, dass hier die Rhapsoden die Odysee singen würden. Wir könnten uns nach Estellencs begeben, einem Dorf, das vor dem Anblick des blauen Himmels in Verzückung gerät und das seinen Schurz ausbreitet, damit die Obstbäume ihre farbigsten Früchte hineinschütten können, die man jemals gesehen hat. Wir könnten uns der grauen, der weissen, der goldenen Ruhe hingeben, allen Varianten der Ruhe; aber ich fürchte, dass du deine Gemütlichkeit verlieren und dich langweilen würdest, weil es nichts gäbe, das dich langweilen könnte.

Ich werde dich lediglich zum Heiligtum von San Salvador in Felanitx führen, wo du etwas Ungewöhnliches zu sehen bekommst. Du wirst dort echte Einsiedler vorfinden, und es wird dir seltsam vorkommen, dass es noch welche gibt.

Felanitx ist wegen seiner Windmühlen bekannt, die sich noch heutzutage drehen, als ob für sie die Zeit stillgestanden hätte. Die Schönheit seiner Mädchen ist sprichwörtlich und die ganze Insel ist stolz darauf. Aber die Einsiedler, die wir besuchen werden, fliehen umso mehr dem Feuer, wenn sie es in ihrer Nähe verspüren. Je näher sich die Augen befinden, die ihnen das Herz entzünden könnten, umso mehr heben sie die ihrigen empor, um nicht hineinblicken zu müssen und nicht in Versuchung zu geraten.

Das Einsiedlerkloster befindet sich auf dem Gipfel einer steilen Höhe. Man steigt auf einem Zickzackweg hinauf wie der eines Kalvarienberges.

Die Einsiedelei ist gewaltig, viereckig und aus einem Stück. Ihr Anblick hat etwas Finsteres an sich, denn sie besitzt keine Fenster. Es ist so, als ob ihre Einwohner niemals auf die Erde hinabschauen sollten. Der Weg dorthin ist auch sonderbar, denn man sieht nicht, wie er emporsteigt, als ob die des Glaubens ihn unsichtbar gemacht hätten.

Man steigt empor und wenn man sich nähert, bemerkt man so dicke Mauern, dass man zweifelt, ob es ein Männergefängnis ist oder ein Ort, um Büsser einzuschliesen, die sich vor dem Licht, dem Vergnügen und der Freude verbergen.

In einem Vorsaal mit hoher Decke und dem Weiss eines Pfarrhauses empfängt uns ein Einsiedler, halb

Mönch und halb Bauer, der uns mit gesenktem Blick anspricht und mit einer Stime, die er noch tiefer senkt als den Blick.

Wir sagen ihm, dass wir hier die Nacht verbringen möchten. Darauf nimmt er einen Schlüsselbund, den er unter der Kutte trägt und begleitet uns in die Zelle. Auf dem Weg dorthin kommen wir durch die Kirche.

Die Kirche besteht aus einem einzigen Schiff und wird von einer Laterne beleuchtet, die an einer Kette hängt und zwei Spannen vom Boden entfernt ist. Im Halbdunkel sieht man einen Altar aus Muschelschalen, rohgehauene Heiligenstatuen, einige schwarze Bilder an den Seiten und an den Mauern Ketten, die vom Schatten der Laterne gebildet werden und den Altar der Heiligen Jungfrau umgeben.

Nachdem wir die Kirche besucht haben führt er uns in die Zelle, einer weissen Kammer mit einem schwarzen Kruzifix ohne Christus, wie die Kreuze eines Massengrabes, einigen gemusterten Gardinen wie die einer Vikarwohnung, einem Fensterchen wie eine Spalte, von wo aus man die Sterne betrachten kann. Der Einsiedler sagt uns «Gute Nacht!» Dann verschwindet er lautlos wie ein Schatten des Altarbildes.

Wir sind nun ganz allein und verspüren jene Kälte, die man immer an einem unbewohnten Ort empfindet. Wir berühren die Bettücher: sie sind feucht und haben einen Geruch an sich wie der einer Zisterne. Wir zünden die Lampe an, aber sie hat keinen Docht und erlischt wieder. Im Halbdunkel... lauschen wir.

Man hört ein seltsames Geräusch. Man weiss nicht ob es Schritte, Gebete oder Seelen in Pein sind. Man sieht niemand, nicht einmal die Einsiedler. Aber man fühlt durch kaum hörbare Geräusche ihre Nähe: dem Gleiten von Sandalen, dem Knarren einer Tür, dem Widerhall an den Festungsmauern.

Man wird von einem Angstgefühl überfallen. Man fühlt sich allein, obwohl man sich von Männern umgeben weiss. Aber man ahnt, dass diese Menschen so verschieden von den anderen auf der Welt sind, dass, wenn man sie rufen würde, sie erst zu unserer Todesstunde erscheinen würden. Sie leben nicht mehr auf der Welt. Sie warten. Wenn sie ihr Leben verlängern, geschieht es lediglich deshalb, um noch mehr Zeit zum Beten zu haben. Ihre Kutte ist schon das Leichentuch, das sie an dem Tage tragen werden, den sie so sehnsüchtig erwarten. Das Fleisch ist ihnen ein Hindernis, denn es lässt ihre Seele nicht fliegen. Noch niemals sind wir inmitten einer Gesellschaft gewesen, die trotz ihrer Nähe so weit von uns entfernt war.

Um Mitternacht schlägt eine Glocke. Die Schritte werden gemessener und man hört, wie die Mönche sich zur Kirche begeben.

Sie sind aufgestanden um zu beten. Sie gehen zum Chor. Instinktiv folgen wir ihnen.

Wenn wir drinnen sind, bemerken wir, wie der Schatten jener Ketten an den Mauern zittert und grosse Wellenbewegungen hervorruft. Das Kirchenschiff ist finster wie ein Abgrund. Die Krone der heiligen Jungfrau ist der einzige helle Punkt. Die Heiligen verschwimmen auf dem Altar und die Einsiedler beten mit klagender Stimme eine Viertelstunde... eine halbe Stunde... eine Stunde..., und im gleichen Schritt wie vorher gehen sie durch die Säle und verschwinden zwischen den Schatten.

Wir kehren wieder ins unsere Zelle zurück. Wir

versuchen zu schlafen, aber können nicht. Jene Gestalten folgen uns, bemächtigen sich unser und versetzen uns in Unruhe. «Wie sind diese Menschen?», denken wir. «In welchen Jahrhunderten sind sie geboren? Wie alt sind sie? Wer hat Recht in Bezug auf das Unbekannte? Welche Helle tragen sie in ihrer Seele oder welche Dunkelheit in ihrem Herzen? Welche Kraft hat die Erwartung, dass sie ihnen Mut gibt, sich selber zu verwischen, um nicht mehr zu sein, um lebendig zu sterben? Welches Licht sehen sie in der Ferne, um dieser Dunkelheit zu widerstehen?...» Der Verstand gibt keine Antwort und das Herz zweifelt. Aber diese geheimnisvollen Schatten, die in unserer Nähe sind, die wir aber nicht sehen können oder die wir sehen aber nicht zu unterscheiden vermögen, legen einen Stein auf unser Herz. Man meint, dass sie Tote bewachen, die sie lebendig begraben haben.

Wir gehen ans Fensterchen, um Luft zu schöpfen und wir blicken auf die Ebene. Sie ist voller Dorfer, dicht besät mit Häusern, das Meer nähert sich, die Berge stützen sich darauf... Man hört keine Stimme, kein Laut, kein Geräusch und keine Schwingung aus der Stille. Die Ruhe hat sich selber übertroffen: sie ist ein Erlöschen, eine Leere. Als ob man den Geräuschen der Erde vom Mars oder vom Mond aus zuhören würde... Man meint, dass die Insel ebenfalls gestorben sei, und dass wir ihre Totenwache halten wie die Einsiedler des Klosters.

SCHLUSSWORT

Doch jetzt ist der Augenblick gekommen, um Abschied zu nehmen. Wir müssen das Meer wieder überqueren und die glückliche Ruhe und dieses Kloster des Wohlbefindens verlassen. Die Stunde ist gekommen, wo wir diese Oase der Erde, die Insel der Beschaulichkeit, das goldigste und blühendste Obdach der Heiligen Ruhe, verlassen müssen.

Die grösste Faulheit, von der wir auf der Insel angesteckt werden, ist die Faulheit, nach Hause zurückzukehren. Das Herz hat sich danach geformt, der Geist hat sich angepasst. Widerwillig, wie gezwungen, geht man zum Hafen von Palma, um sich einzuschiffen.

In Palma selber hat sich nichts geändert. Der gleiche goldene Staub, die gleichen Reflexe, der gleiche Frieden in den Gassen.

Die Katzen schlafen noch im Schatten der Vorhallen. Die Mädchen bummeln gemessen auf der Allee vom Born. Die gleichen Waren hängen an der Vorderseite der Kaufläden, vielleicht etwas weisser vom Staub, der von den Palästen gefallen ist. Der Glockenturm der Kathedrale gibt die gleichen Stunden an und die gleichen Schwalben nisten und zwitschern droben in den Schiesscharten.

Die Strassenbahn ist an der üblichen Stelle entgleist. Die Leute, die sich sonnen, sitzen schlaftrunken auf den Bänken des Ufers und die Männer, die gleichen Männer, «warten auf das Schiff», auf jenes «Schiff», das immer das gleiche ist. Aber sie tun so, als ob es ihnen unbekannt wäre.

Im Hafen liegen die weissen Dampfer in Reihen wie Seemöven, die sich auf den Flug vorbereiten.

Man begibt sich zum leichtesten dieser Schiffe. Es setzt sich in Bewegung und... nimmt uns mit.

Der Dom entflammt, die Stadt nimmt alle Farben des Regenbogens an und die Brise hält inne. Wir fahren am letzten Leuchtfeuer vorbei. Es dreht sich langsam und schickt uns einen Lichtstrahl als Gruss zu. Dann sieht man die Schatten der Felsen und schliesslich vernehmen wir nur noch das Drehen der Schiffsschraube.

Wir blicken zurück und sehen nur Dunkelheit. Das Schaukeln des Schiffes macht uns seekrank. Wir werden gewahr, dass wir wieder in die Welt der Aufregung und der Sorge zurückkehren. Wir fangen an, nach der süssen Insel der Ruhe Heimweh zu bekommen und wir beginnen, den moralischen Sinn der Insel zu erfassen.

Das Wort Insel bedeutet nicht nur ein Stück Erde, das auf allen Seiten von Wasser umgeben ist. Es bedeutet vielmehr Land des Friedens, der Träume, Obdach der Stille. Es bedeutet einen Ruheort, von wo aus man den Kampf wieder beginnen kann, heutzutage, wo alle Menschen mit hundert Pferdekräften in den Tod jagen; wo man meint, dass die Welt sich verengt und das Gedränge uns nicht mehr leben lässt; wo die Uhr schneller geht und der Puls geschwinder schlägt; wo das Herz überrannt wird; wo die Menschen sich Flügel anlegen, nicht, um höher zu fliegen, sondern um aus grösserer Höhe zu fallen; wo man im Auto am schnellsten dorthin kommt, wo man nichts zu suchen hat; wo das Leben hysterisch geworden ist. Wer also das Glück hat, eine dieser glückseligen Inseln zu finden, der kann getrost die Stunde segnen, in der er sie entdeckt hat.

Segne also, — werde nicht müde, Mallorca zu segnen, denn sie ist die schönste Insel von allen.

Es gibt keine andere wie sie für den Genuss der Augen und als Trost des Geistes; wo man die an der Ungeduld erkrankten und die Rekonvaleszenten des eiligen Lebens hinschicken kann; wo man die Hysterischen, die Besorgten, die Fiebrigen heilen kann. Es gibt keine andere wie sie, wo man ohne Uhr, ohne Kompass und ohne Abreisskalender leben kann; wo man nicht die Stunde zu wissen braucht, in der man lebt um zu bemerken, *dass* man lebt. Es gibt keine andere wie sie, die als heiliges Krankenhaus der Seele dienen könnte.

Diese Inseln auf der blauen Fläche hat die Mutter Natur von Wasser umgeben, damit sie vom Schmutz des Kontinents nicht angesteckt werden. Es sind kleine Stücke unseres Planeten, die von den Menschen noch nicht zerstört worden sind. Länder ohne Hässlichkeiten, damit die Dichter darin nisten können.

Gott segne und behüte sie!

Gesegnet sei Mallorca!

Gesegnet sei die Insel der Ruhe!

… … … … … … … … … … … … … … … … … …

… … … … … … … … … … … … … … … … … …

Lieber Leser!

Wenn du dem Gedränge der Welt entfliehen willst; wenn du dich vergewissern willst, dass es auf der Erde einen Frühling und blühende Bäume gibt; wenn du dich den Sternen nähern willst... gehe hin, zur Insel der Ruhe! Du wirst dort kluge Menschen antreffen, die dich nicht zum Denken antreiben, deine Sinne nicht betäuben und deine Augen nicht maskieren. Sie werden dich solange ruhen lassen, wie du magst, du wirst dein inneres Leben führen können und ein Blumenbett für die Beschaulichkeit antreffen.

Wenn du darin einschlummerst, wirst du dich ebenfalls nicht beklagen können, denn das ruhige Leben hat zwei Vorzüge: man lebt besser und man lebt länger.